国家出版基金项目
NATIONAL PUBLICATION FOUNDATION

雅斯贝尔斯著作集

大哲学家

佛陀与龙树

李雪涛 译

华东师范大学出版社
·上海·

图书在版编目（CIP）数据

大哲学家. 佛陀与龙树 /（德）卡尔·雅斯贝尔斯著；李雪涛译. —上海：华东师范大学出版社，2023
（雅斯贝尔斯著作集）
ISBN 978-7-5760-3573-5

Ⅰ.①大… Ⅱ.①卡…②李… Ⅲ.①哲学思想—研究—世界 Ⅳ.①B1

中国国家版本馆 CIP 数据核字(2023)第 034026 号

雅斯贝尔斯著作集
大哲学家：佛陀与龙树

著　　者　（德）卡尔·雅斯贝尔斯
特约策划　李雪涛
译　　者　李雪涛
策划编辑　王　焰
责任编辑　朱华华
责任校对　刘伟敏
装帧设计　郝　钰

出版发行　华东师范大学出版社
社　　址　上海市中山北路 3663 号　邮编 200062
网　　址　www.ecnupress.com.cn
电　　话　021-60821666　行政传真 021-62572105
客服电话　021-62865537　门市(邮购)电话 021-62869887
地　　址　上海市中山北路 3663 号华东师范大学校内先锋路口
网　　店　http://hdsdcbs.tmall.com

印 刷 者　上海中华商务联合印刷有限公司
开　　本　890 毫米×1240 毫米　1/32
印　　张　6.25
插　　页　2
字　　数　139 千字
版　　次　2023 年 1 月第 1 版
印　　次　2023 年 1 月第 1 次
书　　号　ISBN 978-7-5760-3573-5
定　　价　59.80 元

出 版 人　王　焰

从 1937 年开始，雅斯贝尔斯着手落实他的哲学的世界史规划。在以后 20 多年的岁月中，他除了出版《大哲学家》（1957），还留下了两万多页的手稿。这幅照片摄于纳粹专制的 1942 年，当时他不仅已经被迫“退休”，而且不被允许发表任何作品。《大哲学家》中的一部分内容，正是他在此时完成的。

汉译凡例

一、结构

本著作集每一本译著的结构是一致的：除了原书的翻译部分之外，书后附有“解说”、“索引”、“译后记”。“解说”主要对本书的主题、时代背景等进行说明；“译后记”主要对翻译的情况与问题进行交代。已出版的德文单行本大都没有索引，中文索引主要依据译文的内容编纂而成。正在陆续出版的德文全集版只有“人名索引”，中文版除“人名索引”外，增加了“事项索引”。

二、标题

雅斯贝尔斯德文原著的标题、标号较之一般著作颇为特殊，但目录基本上可以体现他对某一研究的整体设计和他自己哲学思想的结构。在编辑过程中，采用以德文原版为准，同时参考日译本的处理方式。

三、注释

雅斯贝尔斯著作的德文原著，大部分使用的是尾注，小部分采用的是简注的方式（如《老子》只给出章节的数字来），也有部分著作采用页下注。本书原文没有注释，所有注释均为译注，统一以尾注的方式出现，均连续编号。译注主要依据的是峰島旭雄日译本

『佛陀と龍樹』(1960 年)之“『仏陀』註”(第 111—154 页)以及“『竜樹』註”(第 155—194 页)。

四、专用名词、术语、人名

重要的专用名词和术语以及人名的翻译，可在“事项索引”、“人名索引”中查到。

目　录

佛　陀

原典：佛典[1]。

研究文献：奥登堡（Oldendberg）、贝克（Beckh）、皮舍尔（Pischel）。

佛陀的言论并没有明确的记载。手头上可以得到的最古老的文献是内容极丰富的巴利语经典，其中最重要的要数《长部》（有弗兰克（Franke）的译本）。[2]研究者向我们讲授这些卷帙浩繁的文献，告诉我们佛教北传南传所形成的不同派别[3]，以及最早的且能为人所直接理解的史实：在佛陀灭度后二百年，阿育王及其所从事佛教传法之情形。[4]研究者同样向我们揭示了佛教本身的一些重大变化。他们以批判的态度删除了一些明显是属于传说和可以证明是出于后世的材料，希望能借此描绘出佛陀的真实形象。但是没有令人信服的证据可以用来说明这一删除应该进行到何种程度为妙。如果谁要是一味地寻求所谓绝对可靠的史实，那么在删除之后，他将一无所获。

一个完美的佛陀形象之前提是以感情去体验这些经典，尽管这些经典并不一定完全可靠，但在本质上还是确实的，并且可以直接追溯到佛陀那里。仅以感情体验我们便可以深入到佛陀的内心深处。在此存在一个透过反照而来的、具有人格的、卓越的现实，它说明，只要反照存在，这里就一定曾放射过光芒，其光亮之强烈，足以使他物生辉，这是不言而喻的事实。[5]在对佛陀神奇的、富有传奇色彩的描述中，将他描绘成与宇宙万物交织于一体且具有超感官的形象，这都是从人类最初的本能与象征化的描述而来的。

1. 生平述略

佛陀（约公元前560—前480）[6]出身于释迦部落的贵族家庭。它与其他家族共同治理着靠近强大的乔萨罗国附近的迦毗罗卫小国。[7]该小国地处终年积雪的喜马拉雅山脚，从这里远远望去，山巅之雪晶莹闪烁。孩提和青年时代的乔达摩[8]饱享了尘世间贵族生活的一切荣华富贵。他很早便成了亲，并生有一子罗睺罗。[9]

当乔达摩意识到生存的基本现实时，这一幸福破灭了。他目睹了老、病、死。对可恶不幸之肉体的恐惧和厌弃也会成为他的苦难，他对自己如是说，因为他也终将老迈、生病乃至死亡。“每当我想到这一切，所有生存的勇气都离我而去。”[10]结果他下定决心（依据印度的传统方式），舍弃了自己的住所、故乡、家庭和幸福，希望在苦行修道中得到解脱。那时他29岁。[11]一部佛典这样记载：“苦行者乔达摩正值血气方刚、生命活力初现之时，离开了家乡，过着无家可归的生活。苦行者乔达摩落发断须，穿上了黄色的僧衣，虽然他的父母不愿他这么做，为他流泪痛哭。”[12]

他接受了老师传授给他的瑜伽苦修训练，多年来一直在森林中过着苦修的生活。“当我看到牧牛人或樵夫时，我便从这一树林跑到别的树林，从这一山谷逃到别的山谷，从这一山峰躲到别的山峰。为什么呢？为了他们看不见我，也为了我看不见他们。”[13]人在禅定的时候需要孤寂的环境。“实实在在的，这是一方可爱的土地，一片美丽的树林：流水清澈，是沐浴的好处所；周围是一些村落。这里真是高尚的人寻求解脱的好地方。”[14]乔达摩在这些地方静坐着，等待着正觉的到来，“舌顶着上腭”，他用力在“凝神悉心、殚精竭虑、苦思冥想”。[15]

但一切都是徒劳的。苦行并未使他得到正觉。这时他所领悟到的是：真理隐藏于苦行之中，而苦行只是苦行，一味强制自我将一无所获。于是他做出了于当时印度人的信念来说乃大逆不道的事：他开始大量进食以恢复体力。那些同他一道苦行的朋友纷纷离开了这位中途堕落的修道者。他如今孤身一人，在无苦行的情况下练习真正的禅定功夫。

一天晚上，当他在无花果树（菩提树）[16]下修习禅定时，顿然大彻大悟，成就了正觉，豁然觉悟到宇宙之诸般实相：生命是什么？为什么会这样？众生如何皆处于无明之中，嗜命若狂且随着生死轮回而流转？苦是什么？它从何而来？又如何能消除它？

他的觉悟可以用以下教义来说明：不论是俗世的纵欲与享受，还是苦行者的磨难，都不是生命的正道。前者卑贱，后者乃自找苦吃，两者都无法达到解脱的目的。佛陀所发现的是中道[17]，这才是解脱之道。正觉的证得来自其自身并非显而易见的信念，即一切存在皆苦，生命的目的在于从苦中得解脱。恪守言行一致，正当的生活之道，沉浸于不同层次的禅定之中，通过禅定的功夫证得最初信念所呈现的内容——苦圣谛。一个人只有在经过这番禅定功夫之后，才能够透过觉悟而清楚地认识到自己所走过的人生之旅。功德圆满之时，也获得了正觉。这一正觉的获得乃是从不断的生灭过渡到永恒、从俗世的存在过渡到涅槃迈出的一步。[18]

在无花果树下打坐的乔达摩，现在成了佛陀（正觉者），经过七天的结跏趺坐，此刻正享受着解脱的快乐。之后呢？他确信，他已从正觉中得到了解脱，他决定保持沉默。他所认识的一切，对俗世来说是陌生的。怎能指望世人理解他呢？他不愿做“徒劳之努力”。[19]世界有着自己的进程，走着那必然的轮回之路，在宇宙间不断毁灭，不断再生。其中盲目、无知的众生，不停地随轮回而流转，以六道之不同形式出现。[20]众生目前的所作所为，是作为来生果报的业力（Karma）[21]，决定着六道中下一次轮回的形态，正如每一个当前的现实存在（Dasein）都是由其自身前一个存在所决定的一样。世界虽无改变，但对智者来说，解脱在世间却是可能的。摆脱轮回，进入涅槃胜境。[22]佛陀在孤寂中证得了这一正觉。“没有谁是我的朋友，”他深知自己的解脱之道，“够了，我不会告诉他人，因为他们生活在爱憎之中，对于他们，真正的教义永远是被蒙蔽的。”[23]

但佛陀无法安于从解脱而来的自我满足，因为他悲悯众生。经过内心的搏斗，他决定宣扬他的教义。他并无奢望，但不久他的传法取得了巨大的成就。他预言，真实的教义不会维持很久。但他依然以言教普度众生：“在这日渐黑暗的世间，我要捶响这不朽之鼓。”[24]

佛陀最初在波罗奈（Benares）说法。在此他吸引了最初的一批弟子，在印度东北部的广大地区传道四十余年。从此时开始，他在思想上没有什么新东西了。他所传授的内容是已经完成了的教义，尽管他的说法多种多样，但万变不离其宗。因此，有关这一时期的教义，必须从整体上去理解。佛陀的说法包括说教、故事、譬喻以及箴言等形式；[25]而我们所听到的是与此有关的问答、许多场景与情景，以及放弃旁门外道而皈依佛陀的事例。他的说法不是用梵文，而是用当时民众通用的俗语。[26]其思维方式是形象化的，但也利用了印度哲学中沿袭下来的一些概念。

在佛陀的伟大历史影响中起决定作用的是他以固定方式建立起来的僧伽。[27]佛门弟子们背井离乡，抛弃职业与家庭。他们身着黄色僧袍，剃光了头发，生活在贫困与纯洁之中，四处漫游。他们一旦开悟，便不再渴求俗世的东西了。他们以乞食为生，托钵走村串户，村人将食物放入钵内。从一开始，这种僧团便有自己的规则、制度、指导以及监督。[28]加入居士行列并不需要出家，其中有国王、富商、贵族以及名妓。他们全都慷慨捐助钱财，僧团从此也就有了园林、屋舍，使想要接受佛陀教义的人们在雨季有停留之地，平时有聚会之所。[29]

随着僧团的扩张，它遇到了反对力量。“人们渐渐不满：苦行的乔达摩来了，他带来了无儿无女、鳏寡及绝嗣。许多贵族青年都皈依了苦行者乔达摩以求生活于神圣之中。”[30]只要僧团一出现，人们便嘲笑他们：“那就是他们，一帮秃人！那就是他们，愁眉苦脸地低头冥思着什么，活像静卧捕鼠的猫一般冥思着。”[31]但佛陀的原则是不与之论争：“我不与世人争辩，诸比丘众，而是世人与我争辩。宣扬真理的人，诸比丘众，是不与世上任何人争辩的。”佛陀是以精神的武器来对付这场争辩的。[32]佛陀出现之时，在他面前并非一种联合起来的精神力量。吠陀的宗教中已经产生了众多派别[33]，已经有了苦行僧团[34]，有多种哲学主张[35]，有可以用大量问题迷惑对手的诡辩论[36]，在此每一个问题可能有的答案都会使对手陷于矛盾之中。由于佛陀抛弃了吠陀宗教中的牺牲制度及吠陀本身的权威[37]，因此他的作为对于整个传统宗教来说，实际上是彻底的决裂。

众比丘及佛陀的生活与活动究竟是怎样的，佛典中对此有精彩的描述。在三个月的雨季里，他们不得不待在房舍内或园林中避雨[38]，大厅、储藏室或莲池旁都是他们雨季安居的好处所。其余的几个月里，他们则游化四方。比丘们或被信徒留宿在家中，或风餐露宿。游方的僧团相遇了，每到这时喧闹之声便不绝于耳。而每当佛陀出现的时候，便会有人提醒大家肃静下来，因为佛陀喜爱安静。[39]国王、商人和贵族常乘车或骑象来与佛陀及众比丘交谈。[40]佛陀本人也每日行乞，"手持钵盂，挨门挨户乞食，无须说一声求人的话，耷拉着眼皮，一声不吭地等候着，不管别人是否往钵盂内放一口饭菜"（奥登堡）。弟子们跟随着他四处游方，俗家弟子也结伴而行，并用车子运载着一路所需的给养。

有关佛陀灭度及灭度前的一段记载被保存下来。佛陀灭度的时间是公元前480年，一般认为这个数字是没有什么疑义的。[41]他最后一次游化有极详细的描述。[42]佛陀患了重病，深感痛苦，起初他还希望能战胜疾病，顽强地活下去，但后来他放弃了这一意愿。"至今却后三月，如来当般涅槃。"[43]他继续向前游化，并回过头来最后一次看了看吠舍离（Vesali）这座可爱的城市。佛陀在一处小树林中，最后一次吩咐弟子道："帮我在双树（沙罗双树）之间铺下卧具，头部朝北。我累了，阿难陀。"[44]然后他躺下，如同一头卧倒休息的狮子。佛陀说出了最后的遗教。

落英缤纷，散落在他身上，空中可以听到天神们的颂歌。但他应当得到的是另外的荣誉："履行教义的弟子们，他们给如来带来了殊胜的荣耀。"[45]

当一位弟子哭泣时，佛陀道："不要这样，阿难陀，不要抱怨，不要悲叹！我不是已经告诉过你，阿难陀，我们必须与我们所心爱的一切相分离。这是为什么呢？因为万物之产生、变化、形成，这一切均受制于刹那之无常，如若要使之永驻，是绝对不可能的。"[46]

弟子们认为，随着佛陀的去世，教团便失去了导师。"不应作如是观。我曾教导于你们的佛法与戒律，在我人灭后，这些便是你们的导师。"[47]"如来绝不认为：我应当支配僧伽的活动。现在我已经老了，已经八十岁了。阿难陀，你们各应以自己为灯明，以自己为皈依处。应以真理'法'为灯明，为皈依处。"[48]

他最后的教诫是："一切诸行，皆悉无常：勤行精进，切勿放逸。"[49]然后，佛陀入禅定，出初禅入二禅，出二禅入三禅，出三禅入四禅，自四禅出，佛陀进入涅槃。

2. 教义与禅定

佛陀的教义指出以洞见获得解脱的方法，正确的知识其本身就是解脱。[50]但就出发点和方法来讲，这一解脱的知识和我们平常所熟悉的知识概念是迥然不同的。该知识并非由逻辑思维过程和感官直觉证明，而是来源于意识的转变与禅定诸阶段所得到的体验。这一禅定曾使佛陀在无花果树下获得正觉。唯有在禅定中，佛陀才能发现他的教义，继而宣讲。与所有印度瑜伽行者一样[51]，佛陀在禅定状态下，认识到其自身与超验的本质及世界万象是有关系的。在这一禅定状态中，他“用神圣的、明晰的、超感官的眼”[52]去观察。

科学与哲学上的思考仍然停留于我们既存的意识形式之内。但是这一印度哲学似乎是专门用来对付意识本身的，由禅定的修习而将意识提升到较高的形式。透过禅定的处理，意识成为一个可变量。理性思维以及与其相关联的空间和时间——纯意识阶段——应当通过超验的意识体验而提升到超意识阶段。

对现实存在的根本问题的回答，可以从更深的根源寻得，这些根源首先使理性的内容富于意义与权利。因此，佛陀所欲揭示的，尽管存在于便于陈述的言语之中，存在于便于思考并形成教义的抽象命题之中，但这一切却失去了佛陀的真义。“教义深奥，难以体验，难以理解，其中充满了平和与庄严，只凭深思是无法把握的，教义精微，唯有智者能了解它。”[53]

洞见是使在正常意识中由哲学思维而导出的真理与禅定中所体悟的真理相结合，从而在道德行为方面使整体生命得到净化。单靠思考作用以及意识的转化技巧，是不可能消除虚妄的，唯有根源于净化的灵魂，这两者才能奏效。[54]

教义中的这种错综复杂的关系，可以直接导入统摄[55]这一不可言说的知识内涵之中，具体可以表述如下：佛陀所传授的并非知识体系，而是一种解脱之道。[56]通过这一解脱之道（在其中认识与认识之多种方法都是很重要的),佛弟子要成道,并不一定要通过逻辑程序,它只是使这一方法中的每一步都具有意义而已。

> 这一解脱之道被称作“八正道”:正见、正思维、正语、正业、正命、正精进、正念、正定。[57]在另外的地方,佛陀对“八正道”做了更清晰也更详尽之描述:正见乃最初阶段和前提,它对苦及苦之止息依然是一个比较模糊的认识。这一认识只有在八正道的最后,才能获得开悟,洞悉因缘中一切存在之苦的形成及止息。从这一信念来讲,八正道可分为四类:在意、口、身方面有正当的行为(sita,品性),通过努力进入禅定之诸阶段,从而达到正定(定,samadhi),觉悟(慧,panna),解脱(救济,wimutti)。[58]解脱是通过开悟而获得,觉悟是通过禅定而达到,禅定又是通过正确的生活获致。[59]

但这一统一的解脱之道本身就是系统传授知识的形式。佛陀的真谛并不只是以禅定的内容为基础,同样也考虑到了正常的意识。知性被超越了,并不是说它被抛弃了,在超验的体验需要传达时,马上又会用到知性。[60]尽管佛陀的传法方式源于思辨的基础,但如果据此认为佛陀的真理完全建立在思辨基础之上,那也是错误的。这一真理同样不包括在比丘们的日常生活伦理之中。禅定、知性、哲学思辨、比丘的道德伦理,所有这些构成部分都有自己的特性,它们并不构成单独形成真理的条件,而是共同在起作用,如同印度思想中各种不同形式的瑜伽[61](诸如体能的训练,道德修行的方法,认识的升华,沉浸于信爱之中(信爱,bhakti)[62]以及透过禅定的方法获得意识的转换）一样。

禅定各阶段的内容与由正常意识所能理解的思想，或者说由意识活动的运作所获得的经验与正常思维活动所得到的体验，它们之间并无明显的关系存在。但可以看出，正如教义中所讲到的，在禅定诸阶段的体验中，大都有与世界的不同层面相对应的关系，在这里可以体验到一个新的超感官世界。[63] 为了超越现实，必须从中取消思维活动，这是在没有这类经验的情况下仍然可以完成的一种形式化活动。逻辑思维将我们从有限的束缚中解脱出来，并创造了空间。但只有透过禅定，真理才能形成并得到巩固，才能获得绝对的确定。我们不能说其中之一是第一性的，而另一个是结果。这两者是互为证明、互相保证的。两者都以自己独特的方式帮助我们获得真理。

在思辨、禅定以及伦理道德诸方面，每次都是人的意志倾注于目标之中，并且因此达到了目的，这点是很重要的。人们有自己在行动、行为、禅定以及思想方面固有的力量。他工作、奋斗，就像一名登山者一样。因此佛陀一再提到精进的要求。一个人应当倾注自己的全部力量，但并非每一个努力的人都会达到目的。不过也有少数例外的情况，无需意志上的努力而自己觉悟，但这只有在佛陀驻世时亲自指导才能得以实现。目标一旦达到，在以后的生活中只要不断修行，觉悟就不会离我而去了。

下面我们简单地描述一下佛陀和佛教的禅定（海勒[64]、贝克[65]）。禅定诸阶段的运作方式及体验，在佛教中跟在印度瑜伽中所描述的大抵相同，只是几个阶段的划分不确定

> 而已。
>
> 禅定并非独自可以奏效的技术。对人的意识状态有系统地加以支配，召唤一者而驱除另一者，这是危险的。这对没有相当基础而又想获得这一方法的人来说，是极有害的。这基础指的是整个的生活方式以及在贞洁中生活。在这一生活方式中，最重要的乃是觉醒（wachsame Besonnenheit），它可以在禅定之中并且通过禅定达至殊胜的境地。这时，整个身心都获得了觉悟，一直渗入到悟性未达到的最隐蔽处。这一将光明带到深暗处者，不仅是道德伦理的原则，也是禅定以及思辨的原则。禅定诸阶段所体验到的，不应当是沉醉、神迷、享受，如吸大麻、鸦片所产生的奇妙之幻境，而是超越一切正常意识之上的最彻底的觉悟，在这一觉悟中事物尽呈于眼前，而不是专念于它。[66]禅定中最重要的要求是：唤起无意识中的一切，毫不心慈手软；让完全清醒的意识状态常伴着我们的行动与体验。

因此，不论在禅定的时候，还是在日常所有的言行中，对比丘来说诚实（不妄语）是最基本的一项要求。戒律中还要求不淫欲、不饮酒、不偷盗、不杀生（Ahimsa）[67]——此外尚有四项内心行持的准则[68]：慈（友爱）、悲、喜、舍（平静地对待不清净、凶暴之徒）。这四"无量心"[69]，通过禅定而扩展乃至无限。佛陀的生命氛围是：无限的宽容和善，非暴力手段，神秘地吸引兽类并去除其野性使之趋于平和的力量，对一切众生，不论是人、兽或神，皆以慈悲、友善待之。

佛典中充满了有关奇迹、神通力故事的描写，在这里跟在其他所有地方一样，都与神秘主义思想的形式相联系。佛陀却说：真正的奇迹是让他人产生正信，内心纯净，使自己获得禅定、觉悟，从而得以解脱。[70]与此相反，使自己变换形态，遨游于空中，飞行于水上，看透他人的思想，这一切都只是虔信之徒与江湖骗子们的鬼把戏。

3. 教义的陈述

在佛典中，佛陀的教义是作为一种认识而被陈述的，以正常的意识、可以理解的语句与理性的以及连续性的思维加以表达。这一认识的特别之处在于，其根源原是被提升了的意识状态——禅定。尽管这一洞见之印证来自完全破除了我执的超现实直观，但其内容似乎亦能为处于正常知性的人们所理解。[71]佛陀的言教不是一种超感官的经验，而是抽象的知识。从中可以明显地感觉到对概念、抽象、列举以及比附的兴趣，而这与其所依赖的印度哲学传统是一脉相承的。虽说没有超感官的体验也可以理解佛陀的教义，但这种理解是不可能透彻的。有限意识之理性思维，根本不可能容纳佛陀教义之内涵。佛陀教说的真义唯有通过禅定方能体悟得到，其他诸如理性的领会只能提供一个大致的痕迹[72]，或者说只是一种暗示。因此，我们在简单地以理性方式表述佛陀教义时，切不可忘记这一认识的起源及与此有关的一切。

（1）对现实存在的澄明。佛陀的现实存在观是通过苦圣谛而阐明的[73]：

此乃苦谛：生是苦，老是苦，病是苦[74]，怨憎会是苦，爱别离是苦，求不得是苦。[75]

此乃集谛：由爱欲导致轮回，包括对欢乐及贪欲的需求，对欲爱、有以及无常的渴慕。[76]

此乃灭谛：通过绝对的灭绝渴爱，断除、摒弃欲望，解脱、无求以灭除贪欲。[77]

此乃道谛：即八圣道支，曰正见、正思维、正语、正业、正命、正精进、正念、正定。[78]

这一认识并非出自对个别存在事物的观察，而是洞察一切的结果。它所反映的并不是一种悲观厌世的心态，而是对一切不圆满的苦的深刻认识。正因为在对四圣谛的了解中能够得到解脱，使得这一认识变得愈加清晰了。安详的大觉世尊，以各不相同的变化来描述存在的状态：

一切皆处烈焰之中。眼处有火，诸色有火……烈焰缘自何处？缘于情欲之火，缘于瞋恨之火，缘于生、老、死、悲、叹、恼、忧伤以及绝望。[79]

但这一切之所以形成的根本原因在于：人类跟其他一切众生一样处于盲目的无明之中，为其执著之物所迷惑，为流转迁灭的空幻之物所迷惑。

因此，解脱唯有一法：利用知识消除无明。但仅凭这里那里一些零星的、对个别事物的认识，并不能改变这一无明状态。只有依靠认识的基本状态本身，才能够认识到一切的变化并拯救自身。[80]拯救的方法在于摆脱对事物的执著，去掉一切徒劳的欲念，从而使我们高瞻整个现实存在的状态、根源以及将之消除的方法。无明、盲目、对有限物的依附、执著，这一切均是虚幻现实存在的根源，只有以完美的知识才能将这一现实存在消除。

(2) 因果形式。这一痛苦现实存在之生成源自无明，可以依靠知识将之消除，其中的关联可以借"因果形式"得以说明：

> 无明缘行，行缘识，识缘名色，名色缘六处，六处缘触，触缘受，受缘爱，爱缘取，取缘有，有缘生，生缘老、死、悲、欢、恼、忧伤以及绝望。[81]

这十二因缘对我们来说颇为陌生。它所展现的根本不是宇宙的生成变化，而是苦的轮回(samsara)规律。[82]病、老、死是无法解脱的，而使这一切成为可能的原因是什么呢？是生。生从何而来？来自有……顺此下去，推至第一因曰无明。与此相反，我们也可以从原因开始[83]，那么无明产生行(sanskara)——这一筑成生命大厦的无意识构成力，它们从前生转入此生，最初产生识；识以五根体验到了名色中的一切，接下来是触、受、爱、取，此乃未来生死流转的基础——业力(karma)，引出了下一次的生、老、死。这一教义在于说明："这就是从因缘中涌现出来的真理，大觉世尊将这根源撕开来展现于我们面前，并指出了其结果。"[84]一切均是受制约的存在(缘起)。[85]

认识到了十二因缘以及因缘链中的第一因，可以帮助我们驱除不幸的恶魔。一旦消除了无明，从中能产生其他各支的因缘链也就消失得无影无踪了。

在教义中，作为一切解脱的基础——觉悟的意义，被很具体地显现出来了。这一认识本身绝不仅仅是有关某一事物的知识，而且是一种行动，是包含一切的行动。这与摒弃痛苦的现实存在没有什么两样。生命绝非依靠自杀就能泯灭掉，相反这只会带来在轮回中新的苦与死。唯有透过知识，我们才会不再受这轮回之苦。

但这一连串不幸的无明又是从何而来的呢？佛陀在教义中并未提及这一问题。在这里，同样也没有对从一个永恒的完成状态进入无明的太初事件这一貌似基督教原罪的问题进行讨论。这些在因缘链中一步步的思考，似乎暗示着一个未言及的事件，正因为此，世界才变得如此不幸。但这一系列的佛教问题只到此便结束了。认识提供了解脱的确实性，这也就足矣！无论如何，上面提到的那一事件也不可能作为世界不幸的第一因。那么，到底是谁真正有罪呢？[86]

(3) 对自我的否定。这便是接下来的问题：这个谁是什么？自我是什么？我是谁？自我的本质究竟是什么？佛陀的回答令人惊讶不已。他否定了自我。

自我并不存在[87]，这一教义如是说。现实存在乃是由一些在因缘链中相互联系的因素构成的，亦即五根及其认识的对象(色、受、想)；[88]同时尚包括潜意识的构成力量——行(sanskara)，这种力量在素质、冲动、本能及至生命力的构成方面起着作用；最终还有识。这诸多因素在生命结束后随即分解。它们的凝聚与中心并非自我，而是在下一次轮回时使这些因素产生另一个短暂组合体的业力。

但在上面的叙述中掩盖了佛陀在其他场合以同样的概念所表达的更清晰的意义。在这一段经文中，佛陀并未否定自我，只是指出任何思考都无法触及真实的自我。[89]“色非自我……受非自我……想非自我……潜意识之构成力——行非自我……作为认识、纯粹知性之识亦非自我……（不存在一成不变之自我）。使变化成为可能之主体不是我的，不是我，不是我之自我。”[90]不过，上述这些非自我的东西，是以原本的自我为标准而谈论的。对自我的探索，其答案是开放的，却对寻求真实自我的方向提供了线索。虽然不能直截了当地将自我表述出来，但它与涅槃必然是一致的。

在记载有关禅定诸阶段的经文中，自我是被作为三个阶段而陈述的[91]：第一阶段，自我作为我们的肉体；第二阶段，自我作为精神体，在禅定中由肉体升华而来，“如同一片草叶由茎上长出一般”，这属于超感官形式领域；第三阶段乃“无形的，由识构成的”自我，属于宇宙的无限领域。每一种自我都很明确地属于某一禅定阶段。自我对禅定之某一阶段来说都是有效的，但其本身并不存在。不存在真实的自我。在感官存在中，肉体即是自我。在禅定的第一阶段中，这一超脱肉体的、活灵活现的精神自我成为真实的，前一个自我则消失了。但这一精神自我在较高的阶段中又被消除。因此，即使在禅定中自我亦未被否定掉，而只是清楚地显示出其在不同阶段的相对性而已。只有在与涅槃相一致的最高阶段中，才可获得真正的自我。

如果教义不能说明或没有说明这一自我是什么，那么我们不禁要问：是谁得到了解脱？谁得到了拯救？难道不是我，不是自我，也不是单独的个体？

在客观陈述佛陀思想的佛典中，从字里行间可以看出其中相互矛盾的地方：自我不存在，但在我前世的存在中我怎么可能既是这，又是那？[92]六道轮回的联系是通过非人格的业力作用而形成的，总是以六道中的一种形式而重新出现，然后再一次获得记忆，今生便是通过这一记忆而观照与自己同一的以往诸世的存在的。

（4）自我究竟是什么？流转变迁的生命并不存在。在我的幻影中实则并不存在自我，而是迷妄、无明以及悲苦。生命变化乃刹那性存在的一环[93]，万物似有，实则只是空无的瞬间，对此后期佛教有深入的探讨。没有永久常住的事物，亦无固定不变的处所。自我之本质或自我乃瞬息万变的幻影，众生却误以为这便是真实的自我。

生命流转变迁的势能与自我的迷妄并无任何他物作基础，但二者皆可被提升到一种完全不同的状态之中，在此，处于幻觉之中的生命与自我存在的思维方法都不再起作用。在这里，既无“有”，亦无“空”。这一境界唯有经由觉悟才终将在涅槃中获得。[94]

（5）觉悟。觉悟指的是在禅定的最高境界所显示的最透彻的直观。但它同时也是在正常意识状态中的开悟，能够改变我们对整体存在意识及自我意识的认识。

觉悟使我们窥得了轮回的世界、世界的各个层面，以及由诸多因素到诸神领域（诸天）和地狱的轮回途径，同样也领悟到了苦的根源与过程，以及在教义中只可意会的一切。

这一觉悟是什么呢？佛陀在譬喻中讲道："这就如同山中的一个湖，湖水纯净、清澄、澄湛。有人站在岸边，他不是瞎子，所以可以清楚地看到水中的珍珠贝和其他珠蚌、卵石以及一群群的游鱼。"[95]如同此人看这湖一般，洞悉者可以认识到世界的最初原因，以至最特别、最个别的现象。因此，"出家人洞悉了这一切，获得了般若智，从自我中解脱出来了，变得敏锐、沉着"。[96]他深入与其相关的现实存在中，使存在达到一个新的层次，在这里他能很清楚地观想苦、集、灭的情景。如是，他便获得了"现世的大智慧"。

(6) 涅槃[97]。觉悟可以使人进入涅槃的胜境，获得终极的解脱，且看佛陀是如何论述涅槃的。

提到涅槃，佛陀必然是在幻觉意识领域中谈论它。因为一谈到涅槃，它即成为"有"或"空"之言筌了。

佛陀之论涅槃，必假定其有一特殊性质，它所表达的，对我们这些总以客观标准为是的人来说，显得空洞。以此方式所表达的一切是极其重要的。但这是什么呢？

我们知道，生命与自我的虚妄存在并无任何基础可谈，同样也不存在于凡世与神域之中。但生命与自我完全可以超越，使诸般幻觉在思维过程中消失，从而使我们在自我现实存在之中获得解脱。

想弄明白佛陀所论涅槃的意义，必须铭记这些有违逻辑性思维的悖论。现举几例如下：

> 有一处所，在那里，无地、水、光、空气，它不是无限空间的世界，亦非无限理性的世界，亦非其他任何东西，同时亦非想象、非想象的消除……[98]它不以任何东西为基础，没有发展，亦非常住；这是苦的终结。[99]
>
> 有一处所……我称它非来、非去、非住、非求、非生，它不以任何东西为基础，亦非常住；这是苦的终结。……非住亦非动，非动亦非静，非静非欲，非欲非来、去……亦非死、生……非此岸非彼岸，亦非两者之间；这是苦的终结。[100]

不可避免的是，这里出现的思维方式是对一般的存在思辨所特有的。涅槃被认为是超然二元对立之上[101]，既非“有”，亦非“空”[102]（如同《奥义书》[103]的思想），在此世间以世俗的方法是认识不到它的，因此它不可能作为探究的对象，而是一种终极的、令人确信无疑的存在。[104]“世上有一种未出现、未生成、未被制造、不被构成的事物。如若不然，人不可能发现合理的解释。”[105]（如巴门尼德所言）不过，由于语言的本性使然，必定不可能说出其永恒的存在。

询问至此结束。如果继续追问的话，就会被告知：“你一点都不知道如何遵循询问的界限。因为在涅槃胜境中，神圣的行动找到了坚固的基石；涅槃是其最终目标，涅槃是其终结。”[106]因此，没有达到涅槃胜境的人，只有保持沉默并且听任命运的摆布：“对那已归于清凉宁静的人，是没有任何尺度可衡量他的。没有语言可以谈论他。思维所能领悟的一切都归于空，这同样也包括谈论的每一种方式。”

（7）不是形而上学，而是解脱之道。以上我们谈到的所有观念都是与解脱有关的。需要重申的是：佛陀并不是以宣讲某一知识的教师，而是以解脱之道的讲授者的身份出现的。

> 解脱之道的术语是从印度医方明中借用而来的[107]：确认痛苦及其症状和原因，询问这一苦痛是否可救，并指出解救的方法。这二者的比较在西方哲学中经常被讨论到（如柏拉图、斯多葛学派、斯宾诺莎）。

佛陀摒弃了对解脱来说并不是必要的知识。他不愿意对他已拒绝了的命题做任何解释，诸如：“世界是永恒的”以及“世界不是永恒的”，或者“世界是有限的”、“世界是无限的”，或者“死之前可以成佛”、“死之后可以成佛”。[108]

佛陀甚至认为，从理论上来解决形而上学的问题是有害的。它将成为一种新的束缚，因为形而上学的思维方式依附于各种思想形式，必须摆脱这一切，人们才可能找到通往解脱之路。

> 其中显示出来的无非是争吵、论争。意见的分歧给人一种错觉，认为从自己的角度看问题是唯一真实、正确的。人们相互表现出愚蠢、好辩、贪求赞同之态。如果有谁胜了别人，那么他便会昂首挺胸，神气十足起来。在这些观点中，人们往往先抓住一个，如果不行便丢掉它，再去抓另外的，之后是不停地变。跟猴子从这个枝头跳到另一个枝头来回乱窜并没有

什么两样。可知,争论是没有休止的。

但拒绝回答形而上学理论问题的决定性原因在于,这些问题无助于我们朝涅槃方向的努力,它们是解脱的障碍。

> 这好比一个人被一支毒箭所射伤,他的朋友要替他去请医生,他却说:"我不要把箭取出来,除非我知道那伤我的人的名字,射我的是什么弓。"在这人把这些事情搞清楚之前,就会死掉。跟这情况一样,如果有人说:"我不要在世尊门下修行以求得解脱,除非世尊对我解释'世界是永恒的'……"在世尊把这些问题给他解释明白以前,他早就死掉了。不论流行的是世界为永恒的或非永恒的教条,世间仍然不免有生、老、死、苦、恼、欢、悲、忧伤及绝望,而我所要教导人的,就是要在现世中消灭这一切。因此,我没有需要解释的问题,就让它们保持着开放吧![109]

佛陀称,他不愿意谈论这些问题,并不说明他对此不了解。沉默的力量[110]在佛陀的一生中起着极其重要的作用,在传授他的思想时,其效用是很不一般的。所有他触及不到的东西都让其保持着开放。沉默并不是让这一切消失,而是让它们如同一处巨大的背景一样被人们一直感觉着。在世上找到使这一世界消亡的途径,这是可能的。与这一途径有关的知识正是佛陀所传授的。但我们必须以谦虚的态度摒弃那些关于整体存在的知识。

4. 对佛陀创新问题的探讨

在佛陀的教义中，其术语、思维方式、概念、行为，均无特别创新之处。苦行者、苦行僧团以及沙门生活的实践，这些老早就有了。林中的修行者，不论其来自何种种姓阶层，不论其出身如何，一律被尊为圣者。佛陀之前同样也已经有了通过觉悟而获得解脱这一观念，有了瑜伽行派（禅定诸阶段之途径）。[111]无疑，佛陀也沿袭了那些有关宇宙、世界成住坏空的劫数以及诸神的世界等观念。整个佛教思想可以看作是建立在超验基础之上的印度式生活方式的完善，可以说是印度哲学的登峰造极。

“创新”作为价值尺度，是现代西方社会所独有的范畴。虽然伟大的佛陀一生中的各个组成部分均未表现出创新之处，但创新这一范畴，还是可以用来解释是什么使佛陀产生如此巨大的影响这个问题的。

（1）人格。最重要的是佛陀极具感染力的人格。通过传说，我们可以感觉得到这位真实人物的巨大影响。他指出了哪些是我们应当做的。但对于存在与无明的整体中究竟存在着什么这一知识，他却让其保持着开放，沉默不语。似乎正是借助于这一沉默的力量，释迦牟尼（释迦族出身的沉默者）才会有如此巨大的影响。

佛陀的生命乃由强烈的意志努力而塑成。在传说中，圣者阿私陀（Asita）[112]曾预言这位初生的太子，将来不是成为统一世界的伟大国王，便是成为救世的佛陀。但是，对佛陀来说，人类完美、无上的意志，并不是征服世界和塑成世界。人只有征服自己，摆脱自己以及俗世事务之束缚，才能获得卓越的意志。“征服了我慢，真乃无上喜乐。”[113]

完美的自我征服，使得外在的努力无迹可寻。佛陀的精神生活完全摆脱了感官世界、贪生、自我与我慢的束缚，从而显示出其雍容、静穆、无限温和的态度。他认为自己生命中所超越的现实与自己相去甚远，同样他也从不干涉他人的生活以及每个人的秘密。佛陀成就了正觉之后，便无所求了。他在宁静之中，在洞彻一切的清晰中观察世界是什么以及在这之中哪些是必然要发生的。佛陀从从容容地来观察这一切，没有丝毫强制的影子。他自己已经变得无个人特征了。在他之前的宇宙里，已有无数的佛陀从事跟他相同的工作，在他之后，也将如此。作为一个个体，他消失于他的无数同道群之中。他是唯一的，但又仅作为一再重复的一个个体。“没有房舍，没有家，我的精神远离俗世，我漫步于没有一切人类束缚之域。”佛陀是不可被认知的：“佛陀，他游于无限之境，雪泥鸿爪皆无，你又怎能企望察觉到他呢?”

我们在对佛陀的人格进行描述时，发现其中缺乏显著的性格特征。没有奇特的、一成不变的、独到的个性。佛陀及其虔诚的弟子之间，或其弟子们之间，并没有本质的差别。这些弟子全可称作小佛陀。佛陀的出现是作为一种类型，而不是人格。与佛陀相对的其他类型尚有诸如邪恶之人、异教徒、诡辩家。这似乎是一个悖论，一个人的人格只有在去除所有个人的特征后才能产生巨大的影响。对自我的否定，是佛陀真理的一项基本原理。佛陀的基本经验，不是对历史性自我存在的体验，而是对在灭除自我过程中真理的感受。[114]这一人格力量，是西方人或中国人的个体意识中所不具备的。

（2）彻底的态度。创新之处还在于，佛陀的所作所为更全面、彻底，而他之前的人只是部分地、有条件地做过这些事。他蔑视传统及其权威，尤其是反对种姓制度与至高无上的神权。[115]他不反对神明的存在，使他们在世界活动中实在地起着作用。虽然如此，却不再把他们看得至关重要了。

彻底性在于，他对所有的人宣讲佛法。以前只是对少数人才可以做到的事，现在已发展到对每一个人都是可能的。以前只是一小群森林隐修者的事，通过群众的大量涌入僧团而公开化，以至波及城市及他们游化的各处。于是一种新的存在的现实形成了：众多沙门以乞食度生，他们过着贫穷、纯洁、无家可归、出世的生活，在俗家弟子物质方面的照料下，全身心地投入实现佛陀的教义上去。

实际上，大部分沙门来自种姓制度中较高的两个等级，其中很重要的要数这帮"贵族青年"了。[116]佛陀本人便是贵族出身，依据后期的佛教教义，唯有婆罗门或贵族血统，才可能成佛。[117]如此看来，佛教便成了贵族宗教。如果仅仅只有那些具有很高知识阶层的人才能理解它的话，佛教将会作为贵族宗教继续存在下去。但在原则上，佛的传法普及一切众生——一切能理解佛陀教义的人。难道佛陀不曾指出过，人人都应当以自己的语言来学习佛所说的法吗？[118]

这样，人类的观念以及一种世界性的宗教，在历史上第一次变成了现实。诸如种姓、民族的限制，以及隶属于根深蒂固的社会秩序的一切障碍，统统被扫除掉。从而，在印度原本由少数享有特权的人严加守护的真理,成为人人皆知的、公开的真理。

如果我们把这一宗教与在它稍后产生的斯多葛派、基督教、伊斯兰教等世界性宗教相比较,就会发现佛陀的特点,他所关心的不只是全体人类,还包括一切有生命者、神与兽,他所悟得的解脱之道,是为了一切众生。[119]

对所有的人说法,实际上是对每一个单独的个人说法。佛陀的抉择以及由此而来的生活成为典范:他冲破了家法,放弃了家庭与社会的规范。他向每一位听法的弟子讲法,告诉他们,人人都具有超然的力量,一切都取决于你自己的抉择。佛陀通过二者必居其一的无法抗拒的选择,把握了一个完全的人。其余的人可以作为俗家弟子为僧团作出贡献,最重要的是在财物方面供养比丘,这样,他们便会在下一次轮回中以诸善道的存在出现。佛陀对每一个单独的人说法,告诉他们他认为很重要的、真实的且不受他物限制的真理,让他们赶快在此生中踏上解脱的征程,不要再耽搁了。

每一个人都追随着佛陀,靠种种行持的仪轨、内心观照,使内心世界找到了皈依处,使心灵达到了其他任何人不可能企及的深度。可最为关键处在其中依然保持着沉默。

但是,这一解脱之道所要求的信仰是一种知识。尽管佛陀把传统的思辨哲学看作是无意义的、有害的争论而予以抛弃,但他还是固守着这一印度哲学的原则,因为解脱本身就是一种知识,解脱是觉悟,也只有通过觉悟才能得到解脱。因此,他抛弃了牺牲、祈祷以及多种魔法等形式,向每一个人说法,让他们在独自的思考中、在生活中、在禅定中获得开悟。

佛陀对每个人，同时也对一小群人说法。他的言教与谈话，只是为觉悟奠定基础，而要获得觉悟，还要靠自己的行持。[120]佛陀的谈话是怎样轻而易举地让人悟道，每个人又是如何突然开悟，佛典里常有如是的记载："真是不可思议，似乎歪倒了的东西被扶正了（弯曲了的东西被直了过来），隐秘的东西被揭露了（秘密的东西被发现了），给迷路人指明了方向，在黑暗中点燃了一盏明灯，大觉世尊就是这样，以多种方式阐明他的教义。"[121]

（3）传道。教义的传布既针对个别人，也针对所有人，因为它知道自己是灯明，要照亮世界，照亮所有地方，所以它拥有了另一个新的特质：自觉的传道愿望（Missionswille）。佛陀从一开始就建立了僧伽组织，它有两种作用：既是个人的解脱之道，也可以通过游化四方来达到传道的目的。

对传道来说，将思想集中在关键的东西上变得很重要。佛陀的基本思想必须用非常简单的方法讲出来，并且得反反复复、来来回回地讲，以产生广泛的影响。佛教传道之所以能取得成功，是通过譬喻、箴言、文学上的创作等一系列方式，通过吸收流传下来的活灵活现的传说故事，利用这些形式从而使那些基本思想不再枯燥乏味。

5. 发展史

佛教的传播，以及由此而出现的变化与分裂，是亚洲宗教史上的一个重要课题（参考克本（Köppen）、恺恩（Kern）、哈克曼（Hackmann）、夏特比·德·拉·索塞（Chantepie de la Saussaye）

的著作：柯诺(Konow)、弗兰克、弗洛伦兹(Florenz)所撰的章节)。佛教的传播从总体上来说是在安静且强有力的情况下进行的，只有一次曾由强大的统治者(阿育王)有意识地大力提倡。

在佛典中，我们可以感受到一种在遥远的亚洲独有的气氛，而这在世界的其他地方是从未有过的。这一全新的生活方式和形而上学观念，形成了中国人和日本人生活的新要素，并且使得中国西藏、西伯利亚、蒙古这些地区的人，不再是桀骜不驯的了。

但是，令人奇怪的是，印度虽然是佛教的发祥地，但佛教却未能在这里保存下来。强烈的本性使得具有传统印度色彩的东西保存了下来，也就是说，人们情愿生活在种姓制度之下[122]，与在哲学上表述完整的旧神共存，而佛教则被淘汰掉了。以慈悲为怀的佛教，在亚洲的大部分地区统治了数百年，而在印度经过一千年的发展[123]，逐渐消亡。但它仍是与人为善的宗教，从未发生过一次使用暴力的事件。在整个亚洲，佛教是人类灵魂的解救者，但是每当民族间发生冲突时，人们就会抨击它，并将它冷落于一旁(如在中国或日本)。[124]

大约在耶稣基督诞生前后的几个世纪中，佛教分裂为北传、南传两个系统[125]，亦即摩诃衍那(运载无量众生从生死大河之此岸到达菩提涅槃之彼岸的大乘)和希那衍那(小乘)。[126]与更原始、更纯粹的小乘佛教相比，大乘佛教看起来像是堕入了宗教的真实存在之中。但是，值得注意的是，至今仍盛行于锡兰和亚洲中南半岛的小乘佛教[127]，只是随着时间的流逝将传统的材料延续至今而已，并没有任何新的贡献。而大乘佛教却得到了蓬勃发展，不再只是满足大众对宗教的需求，同时也使纯粹的思辨哲学达到了新的鼎盛时期。小乘坚持严格的固定戒律、经典，并强调个人的自我解脱以证得阿罗汉果[128]，因此它是比较狭隘的。与此相反，大乘不断地吸收外面的、一切新的因素，保持着开放，除关切自我解脱，还普度众生，竭力让众生也得到解脱。大乘发展了佛陀的某些思想，尤其是佛陀出于对这一世界的慈悲，希望诸天、人类以对各自有效的方式共同得到解脱的宏愿[129]，而这些正为小乘所忽略。在此，我们也可以发现一些处于萌芽状态的卓越思想，这些思想在很久以后，由龙树（Nagarjuna）等人在大乘佛教中予以全面充分的探究。

但是，大乘佛教最重要的贡献是，它使佛陀的解脱哲学成为一种宗教。让我们简单地看一看这一宗教现象与佛陀思想的异同。

（1）权威与服从。僧伽促进了寻求在觉悟中得到解脱的人们的团体意识。但是，不久弟子们便不再认真地思考了，而是服从了权威，实际上是在服从中生存。他们只是在“佛、法、僧三宝的名下寻求慰藉”[130]而已。

（2）失去了对自我力量的信任（佛陀被尊为神明）。依据佛陀的教义，能够使人得到解脱的并不是祈祷、恩宠、牺牲、祭祀等宗教形式，而是认知活动。[131]这一认知活动并非指在字面上很容易理解的理性知识，而是作为大彻大悟的觉悟。并不是在觉悟背后还有什么，而是这觉悟本身使我们得到了解脱。这些种类的知识就是解脱，是知识本身带来了解脱。通过这一认知活动，人们便能从贪欲、流转以及苦难之中解脱出来。

因此，佛陀在讲到他获得正觉时的感受的最后一句话是：

“消除了轮回，成就了圣行，尽了自己最大的义务，不再回到这尘世来[132]，我认清了这一切。”[133]

每一位获得觉悟的比丘，透过行（sanskara）这一无意识的力量，而产生自我这一活生生的现实存在。未得到解脱的时候，在无穷尽的生死轮回中不断重新被创造。他可以对“行”说：“父亲母亲，我看不起你们！现在我看透你们了，不要再为我建造象牙之塔了，所有牢房的大梁都被折断了！”

这一认知是人力所能及的，可以以自己道德行为的力量为基础，凭自己的智慧认识到它。没有神明会赐予我们这一洞见，因为诸神自身也需要它。佛陀传授了这一智慧。每一位听讲的弟子，都应理所当然地获得这一能力。因此，佛陀在涅槃前的遗训是：勤行精进、切勿放逸。[134]从这个意义上来说，佛陀的教义是一种哲学，人应当以自己的意志与力量去获得它。

但是，一旦这种凭借自己的力量获得解脱的信念发生了动摇，佛教的思想必定会发生变化。动摇者大声疾呼，想要得到能帮助他们自己的神。而众神自身也需要解脱，看样子这次众神也无能为力了。[135]佛教徒想得到帮助，但又不愿放弃自我由觉悟而获得解脱这一观念。佛陀被尊为神之后，佛教徒的理想实现了，从而出现了一个全新的、实则是神的世界，尽管在这里不称呼诸神的名号。原本只想传授佛法的佛陀，现在被抬到众神之上成为至尊。本来对佛陀洞见的信仰，不再是哲学的信仰，而是对佛陀的信仰。[136]现在不再只是靠自己的思考就可作出抉择，而是要靠超验的佛陀的帮助，才能起作用。

佛陀本人根本不愿将自己的觉悟依附于他的人格。传说中他的最终遗训[137]证实了这一点。佛陀想用教义来代替具有人格的导师，但弟子们并没有停留在人类对老师的尊敬上——这是为吸收和继承教义做准备的，因为在早期，佛陀那确定无疑的超然性格所造成的印象使他神化了。早在很古老的经典中，对佛陀的形容词已是应有尽有：大觉、如来、正遍知、世间解、一切见者、明行足、光明、除障暗、胜者、世雄、十力降魔军、天人师、世尊、独尊、无上士、世英。[138]

佛陀灭度后不久，这位受人尊敬的、卓越的导师，成了人们崇拜的偶像。以佛舍利为中心建立了寺庙。[139]早在公元前 3 世纪人们就有这么一种信念，认为他是天神的化身[140]（与毗纽天教中的毗纽天类似）[141]，从而使众生获得解脱。每一个世间佛都有一个出世间佛与之相对应，并可以在禅定中观照，称作禅定佛（dhyani-buddha）[142]。现世的乔达摩的禅定佛，就是在信众们死后接收他们至西方极乐世界的教主阿弥陀佛。[143]在那里，信众们重生于莲花之上，生活于极乐之中，直到他们因缘成熟进入涅槃。这一超感官佛陀形象的多种变化说明，佛陀的种种化身[144]对信众很有帮助，于是便也成了他们祈祷的对象。这些关于西方极乐世界的有血有肉的描写，当然要比神秘莫测的涅槃更容易接近。[145]

经历了上述这些变化之后，有关佛陀的传说便愈演愈烈，逐渐被扩展成一部充满魔法、奇异壮观的宇宙史，其中扮演重要角色的是：诸天、预言家、摩罗以及饿鬼。

（3）吸收了许多民族的宗教传统。佛教在成为亚洲宗教的转变过程中，吸收了许多民族宗教传统中的古老主题，以及众多原始民族高度发达的文化。这一对古代文化的吸收，只有在佛陀的世界观中才成为可能。对世界的完全超脱，使他对待世界也是同样彻底的宽容。因为现实世界人类的一切心智均由无明而生，这无明是虚妄，是面纱，必须予以驱除。不执著于虚幻的世界，便可以超越虚幻及虚幻的一切不同形式。因此佛教可以无条件地吸收它所遇到的一切宗教、哲学、生活方式。这一切被视作朝着一个目标前进迈出的一步，而这一目标在无穷无尽的世界中模糊了我们的西方思想[146]。每一思想、生活态度，哪怕是最原始的宗教，这一切都是可能的初级阶段，都是绝对必要的，而不是目的本身。

佛陀的沉默所得到的回响[147]，不仅仅是亚洲人对内在生命的自信的沉默，还混合着精彩奇异的宗教内涵。实际上，有待超越的东西反倒成了生命的本质。外来的宗教形式先是作为佛教思想的外衣，但很快就成了佛教思想本身。西藏就是一个明显的例子。

（4）人的角色。正如弟子们所认为的那样，随着上述这些变化，人的角色也在变化。所有的人、一切众生，皆有成佛、成菩萨的可能，菩萨之所以不愿入涅槃，是因为他甘愿轮回，以救度众生成就正觉。[148]人人都可确立这一目标，并在修行过程中能够得到他所祈求的菩萨的保佑。

> 勇猛[149]和慈悲[150]是菩萨的特性，他们在此世界独自遭受恐惧，直到一切众生皆成正果。他已不是孤独之中的苦修者的典范，而是以大慈大悲的菩萨形象来感化弟子。有关禅定诸阶段的学说是针对出世间而言；有关现实存在诸阶段直至菩萨的果位这一学说，是针对我们现世而言。菩萨将作为

众多佛陀中的一员而被接受，并停留于兜率天之上，最终在世间以人类的佛陀的形象而出现。[151]（莎伊尔（Schayer））

对弟子们而言，厌倦生命象征着对现实存在的消极执著。不执著于世间之物，表示超越俗世之憎、爱以及苦、怨。

在佛陀看来，人可以做的唯一积极的事是通过无求、无执、不抗拒的方式而获得解脱，因此俗世中的建设、世界的形态都变得没意义，没有历史价值。充实的人生、无限膨胀的知识欲、独特的爱的历史性以及历史中被埋没的责任，这一切现象也都毫无意义。法尔如是！佛陀经历过这一切，却没有想要改变这一切的想法。他的教法是让人摆脱俗世，而不是去改变它。“就像一朵纯白可爱的莲花，出污泥而不染，我亦不为俗世所污染。”[152]

但事实上佛教徒们生活在俗世之中。他们要摆脱俗世而达到内心的平和有两条途径：一是出家为比丘，与世无争、忍耐一切；二是在俗为信徒，虽然参与世俗的事务，却不为俗世所动。积极参与俗世中的一切，但又“不执著于任何事务”，这样便可获得涅槃。历史中的战士（如日本的武士）、艺术家以及其他每一个积极入世的人，他们都能如佛弟子一般生活于庄严静穆之中。他们有为似无为，行动似非行动，他们存在于此，但又不尽然，并且不为生死所动。他们平静地接受这两者。

（5）根源性的哲学留下了什么？由于佛教世界的变化，在一些伟大的文艺作品中，有关进入涅槃胜境之前的描写，其中插入了众多的天神形象，人们不禁要问：这一切与佛陀又有何相干？答案应当是：在诸天的世界里，各种仪式和祭礼、各种组织与诸宗的形成以及自由的僧伽组织，从这一切中我们总还可以感觉到一些哲学的本源，最初在佛陀成道时所观照的精神力量，甚至体现在最普通的佛教徒身上。在佛教中依然保存着佛陀令人惊叹不已的自我献身精神，这就是让生命归于永恒。并且这是佛教的爱，作为对众生的普遍怜悯之情与欢喜之情，是一种非暴力的态度。亚洲仍不失为一块祥和之地，尽管那里跟其他地方一样到处皆有苦难以及可怕的事件。佛教是没有暴力、没有异端迫害、没有宗教裁判所[153]、没有女巫审判[154]的世界性宗教。

佛教思想的本质决定了：哲学与神学之间、理性自由与宗教权威之间，在佛教中从未出现过分裂。哲学本身就是宗教行动。因为这样的一个基本原则一直未变：知识本身就是解脱与拯救。

6. 佛陀与佛教对我们来说有何意义？

我们一刻也不要忘记，佛陀与佛教和我们相距甚远。佛陀获得洞见的前提是：修行禅定以及不执著于俗世与这世间的一切生活方式。但仅以某些科学的思维方式来理解瑜伽修行到底成就如何，理由并不充分。同样，仅以对世间不执著，沉浸于旁观者的心态，也是不充分的。那些具备正确信念和生活方式的人，他们以恰当的方式修行多年，并没有试图检查一下自己的进展程度，但他们所能把握的，也只是一般理性思维可传授的知识。我们切不可忘记，在佛陀与佛教中有着我们尚未发现的源泉，这也正限制了我们的理解范围。我们必须看到对佛教认识的巨大差异，所以应当打消一切迅速、简捷地领悟它的念头。为了真正获得佛陀真理的本质，我们必须改变自我。这一差别并不只限于理性层面，而是整个生命观和思维方式的更新。

然而，虽然今日佛教离我们甚远，但切不可忘记，我们都是人，所要解决的都是人类生存这一问题。佛陀在此已经发现了这一问题的伟大的解决办法，并已付诸实践，因此我们所应做的是，依据自己的力量尽可能多地去认识它、理解它。

问题是，对于这种并不属于我们自己并且尚未实现过的东西，我们能理解到什么程度。我们的要求是，如果我们不是仓促草率、主观臆断行事的话，这种对真理无限接近的理解还是可能的。在理解过程中，我们使那些深藏于内心的潜能发挥出来，在理解中，我们拒绝将我们自己的客观历史性绝对化为唯一的真实。

我们可以这么认为，佛典中所说的一切都是对具有一般清醒意识的人而言的，因此在某种程度上，它必然是可以理解的。

佛陀的生命之路是可能的，并且得到了实现。直到今天，在亚洲的许多地方还可以看到佛教徒实现自己的人生这一伟大的事实。它揭示了人类存在的不确定性：一个人并不是现在偶然而成的，他是开放的。对他来说，并不存在唯一正确的结果。

佛陀是人之存在（Menschsein）的体现，这一存在不承认对现世的任何义务，而是既存在于世界之中，又远离俗世，与世无争、无斗。它只是想作为这一由无明中产生的现实存在而消亡，不过它想彻底消亡，以至于它甚至不渴望死亡，因为它找到了一个超越生死的永恒归宿。

西方似乎也有类似的例子。在耶稣那里，放下（Gelasseneheit）、神秘主义的超越世间[155]以及对灾难的不抵抗[156]，这一切在西方只是一个起点、一个契机而已，而在亚洲已发展成为完整的体系，因此完全不同于西方。

因此，与他人的紧张关系仍然存在，就像在个人与个人之间一样，在从一个精神的共同世界到另一个精神的共同世界中也大致如此。就像在个人的交往中，尽管存在所有的友好、亲近、信任和善意，但好像突然出现了一种距离感，仿佛是一种对方和自我的滑落，仿佛"不能成为他者"(ein Nicht-anders-sein-können)正与其自身分离，但最终却不想承认这一点，因为对永恒中心的共同关涉的要求并没有停止，因此需要再寻找一种更好的理解方式——它必然是处于亚洲和西方之间。

龙　树

原典：般若经[157]、龙树[158]。

研究文献：奥登堡、哈克曼、莎伊尔、舍尔巴茨基。

大约公元1至8世纪，在印度正酝酿着一种透过逻辑而运作的哲学（所使用的语言是梵文）。印度教中的正理派与大乘佛教诸派便是其代表。[159]佛教诸派中有名的思想家是：龙树（2世纪前后）[160]、无著、世亲、陈那、法称（7世纪）。其文献并非这些富有创造性的思想家当时亲述的[161]，而是残留于后来佛教哲学的基本著作之中，传到中国后被保存下来的。[162]

空观派（sunya-vadins）乃是在逻辑辩证法世界内部，作为自明的生命实践，以诸派的共同前提为出发点而走向极端的。他们所揭示于我们的是：诸法皆空[163]——一切都是刹那生灭的[164]——皆无自性——如梦幻泡影而已。因此，真正的认识藏于空性之中。在解脱的境界中获得空观，也就是说，不借助于假名、意义（在“无特征性”中）而进行思维活动，不为任何倾向、目的所动（“不执著于他物”）。这一学说被称作“为金刚石所劈开的完全智慧”[165]——也叫作介于存在之有与空两命题间之中道[166]（madhyamika，中观派）[167]：空性[168]（sunya vada，空论）[169]既非属于有亦非属于空。

完全的智慧（无上正等觉）[170]的状态处于对两者的完全不执著之中。

我们是从两部著作（《般若经》、《龙树》）中获得这一概念的。这些佛典的梵文原本早已散佚，德译本是从汉文、藏文翻译而来的。[171]此外还有《四十二章经》中的几章短文[172]（哈克曼译，第216页以下）。[173]我们是不可能把握住作为一个个体存在的龙树的。对我们来说，他是通过形而上学本身使形而上学得到扬弃的极端代表人物。

I. 思维操作

1. 法的根本概念

这一思维的根本概念是法（dharma），存在者皆为法也。法乃物、性质、状态、内容，此外，法还是内容的意识，是客体也是主体，是秩序，是形成，是法则，是教义。[174]其基础是基于这一观念，“并非一种秩序，一种形成，确切地说是一种自我秩序，一种铸成世界内容的自我形成，并且每一秩序、每一形成都为其他的秩序、形成创造了场所”（奥登堡）。[175]尽管每一法都是独立的，但诸法还是被纳入了一种范畴体系之中，直至可以列举出七十五法。[176]法的含义如此丰富，与西方的“存在”相类似。[177]要想翻译“法”这个词，注定是要失败的，因为它的含义无所不包。

2. 不执著

这一思维的目的是获得完全的智慧，从而“不执著”于诸法，不受持、把握诸法，从诸法中自我解脱、自我拯救。故而获得了完全智慧者（菩萨）[178]“不在现象之中，不在感觉之中，不在概念之中，不在形成物之中，不在意识之中”（《般若经》37）[179]。

儿童与通常之人执著于诸法，尽管一切法皆空，但他们还是把它们想象得如存在一般。有了这些表象之后，他们便执著于其假名与形式。得智慧者却全然不同：菩萨并不是总在学习、模仿任何一法。“他并未发现诸法，就好像诸法也并未为人们所揭示一般。”[180]

对于解脱所要求的最后一步，我可以这么认为：它存在于教义自身之中，这或许就是法吧！佛陀当初就是这么存在着的，寻求完全智慧的菩萨也是存在着的。难道他们真的是现实存在着的吗？不，这一切也是空。“我看不见那作为菩萨的东西（法），也看不见那完全智慧的东西（法）。”（《般若经》35）[181]完全的智慧是无法想象的，也不能作为已发生的东西而存在。因为对现象的不执著意味着其自身亦非现象；对感觉、概念、形成物、意识的不执著，说明其自身亦非意识。从一切中解脱，并且从解脱之中解脱；不执著于任何事物，这便是这一学说彻底的根本思想。

3. 将对可思维性和事物的辩证否定作为不执著的解脱方法

这一思维的方法便是使印度逻辑学得到发展的辩证法。辩证法首先在无执中得到理解，继而获得完全的解脱。[182]在辩证法中所能遇到的一切可思维性，只要存在，都将被辩证地否定掉。这一操作过程乃首先由龙树予以展开，它自身也就形成了一种学说。下面就逐一来叙述一下这一思维操作过程的细节。

（1）一切名称都是无意义的。[183]我说出了，便是想透过假名(nimitta，相)来把握它所表达的一切。譬如为了要表达产生和消灭，我们应当掌握这名称和实际的区别。但假名及区别又使我们执著于虚妄，这可以通过以下思维方式来证明：

> 名称“相”以及名称之对象“所相”，既不能作为同一者，亦不能作为相异者而被得到。如若其为同一者，那么我们说“火”这个词时，这个词就会燃烧。如若其为相异者，那么一个名称就不可能是没有名称的对象，或与此相反，没有名称的对象也就没有名称，故而这两者不可能相异。因此，名称与名称的对象，既非同一，亦非相异。到现在我所说的一切实际上是空。可是人们又把名称说成一面镜子，这一直接反映是虚妄的。在虚妄之中观想事物的表象进而区别之，这本身就是非真实的。
>
> 既然名称与名称的对象既不能以同一又不能以相异而获得，那么同样也不能以消灭与产生、来与去来获得和名称对象的区别。因此，名称中的变易实则虚妄中的变易，离完全的认识状态差十万八千里。只要是名称之中的现象在变，名称中的一切也在变——如果它在表象中变化，那么现象就是名称；如果它在表象中变化，那么现象就是空；如果它在表象中，“在

我变化时”在变化——如果它在意识名称中变化，那么在表象中“意识就是名称”。

通过意义（名称）[184]与陈述的手段，人是无法获得解脱的。每一个句子总使我执著于他物，而这正是我所要从中解脱的。

（2）一切都是并且又不是依据外表现象而存在。所有这些说法都应参照外表现象而予以证明或被否定掉。

譬如：“消灭”便有些不太对头，因为世上事物是作为永恒的东西被看到的，比方说，今天这是稻米，因为它一直是。因为它存在着，所以是不灭的。“发生”也同样有些不当，在世上事物未形成时便被看到了。与此相类似的还有：灭绝是没有的，因为从稻种中生出了稻芽。由于发现了稻芽的形成，灭绝自然是不可能的了。相反，永久的存在也是没有的，因为世间从未出现过永恒的事物：稻米的种在发芽之后便不复存在了。其他的例子在事物的外表现象中总可以见到：事物既非同一，亦非相异，它既非来，亦非去，等等。[185]

这一思想是以以下事实为基础的，即一切范畴都在现世的某一处得到显现。例如，不问它们在什么地方适用，在什么地方不适用，而是用这种根据表象来予以驳斥的方法表明，它们在某个地方总是真实的，但同时又不认为它们对一切事物都绝对有效，并且作为这种绝对范畴是很容易被驳斥的。

（3）存在与非存在是如何被否定的。[186]存在是有，而无是没有。这一立场甚至也被龙树所摒弃：一切皆空。其思维过程是这样进行的，每次提出一个命题，随即否定掉，以为新的命题提供位置，然后再将这一新命题否定掉。

第一，事物是以自体的形式存在的。并非如此，因为称作自体的东西，不是从原因和条件中生成的。现在却可以这么说，所有的都是从原因和条件中生成。也就是说，事物并没有自性，而是依他而存在的。

第二，如果没有自性存在，那么就会有其他存在。并非如此，因为如若连自性存在都没有，其他的存在又是从何而来的呢？将其他事物的自性存在称作他在也是错误的。如果自性存在不存在的话，那也不会有他在。

第三，尽管没有自性存在，也没有他在，但事物依然存在。这是不可能的，一个既没有自性存在又没有他在的存在在哪里？因此，只有自性存在和他在都有，才可以达到存在的境地。

第四：这便是非存在。这是绝对不可能的，如果没有达到存在的境地，非存在也是不可能达到的。人们称一种存在的他在为非存在。

这一思想的核心在于向我们揭示出存在跟非存在一样是不可能有的。

> 如果存在是由其自体（自体存在（An-sich-sein））产生的，那么存在的非存在便不可能存在。从自体产生的存在绝不可能变成为其他，如若自体产生的存在果真存在，那么他在便不可能。

> 如若从自体产生的存在(自体存在)不存在,那么谁的存在才是他在呢?或者说谁的存在才是这非存在呢?

获得完全智慧者的态度是这样:“它存在”——这便堕入了常见[187]。“它不存在”——这又堕入了断见[188]。这两种见解都证明其自身是站不住脚的。因此,智者既不强调存在也不强调非存在,既不主张常见亦不主张断见。[189]

如若有人将这一思想之中任何一极端作为一种学说加以奉持,不是强调存在便是强调非存在,我们可以这样告诉他:那些看到了自体存在和他在、存在和非存在的人,并未真正看到佛陀教义的精髓。如果佛陀否定存在,人们便以为存在是错的,而强调非存在。如果佛陀否定非存在,人们便以为非存在是错的,而强调存在。故而,存在与非存在这两种看法都应予以摒除。

(4) 这一否定技巧的模式。我们已经在方法上意识到这一点,那就是每一种可能的说法都可以并且必须予以绝对否定。

> 因此,否定的根本要求依据各不相同的立场而被直截了当地提了出来:“数论派认为,原因和结果是同一的,因此为反驳这一论点,他们称道:不是同一的。胜论派认为,原因和结果是相异的,因此为了反驳这一论点,他们称道:不是相异的。”[190]

从以上处理方法中可以看出其在方法上所形成的模式——每一命题都可提出四种可能性,并且逐一地到最后全部被去除掉,亦即：1. 某物是存在的；2. 它是不存在的；3. 它既存在又不存在；4. 它既不存在又非不存在。[191] 在这里，每一通向终极、有效出路的陈述，都将被隐蔽起来。

其结果是，所有命题都可以用否定和肯定的形式予以表达。佛陀教导我们于其中一种，同时尚有其反面。这样，真伪的对立将被克服，同时这一对立的对立亦被克服。因此，绝对不可能有一成不变的命题。

> 这四句分别在每一法中一再被提及又一再予以摒弃。举例来说：终局是存在的，终局是不存在的，终局既存在又不存在，终局既不存在又非不存在。或者：如来殁后是存在，或不存在，或既存在又不存在，或既非存在又非不存在。或：是谁在完全的智慧中得到转变？不可理解为“我在转变”，也不可理解为“我没转变”，或“我既转变了，又未转变”，或“我既未转变，也非未转变”。[192]

（5）被否定的材料，以及依附于这些材料而被否定的一切。

思维过程不断重复，但材料却不尽相同。这些材料是依照思维的方式、意见、表述而预先给定的，换言之，是印度哲学的诸范畴所要求的。如同火依赖于燃料一样，消除的操作也将依赖于被消除才能得以完成。[193] 这范畴中的许多概念我们听着很顺耳，可是也有一些不那么习惯，即使译成了我们的语言，依然全带着印度味：存在和非存在[194]、发生与消灭[195]，因果律[196]、时间[197]、物质[198]、我[199]等。

对学说的概括

（1）存在两种真理：世间层被掩盖了的真理（俗谛）[200]以及最高智慧的真理（真谛）。[201]依被掩盖了的真理看来，一切法都在发生着。而在最高智慧的真理看来，一切法并未发生着。那么，最高智慧真理使得万法显现为未生，并且并非独立于被掩盖的真理之外，如若独立于最高智慧之外，那涅槃永远也不可能达到。也就是说，佛陀的教义依赖于二谛，或，唯有通过假名的方法才能获得真理。这一方法也只有通过对最高智慧的真理的觉悟才能掌握。世间颠倒性在法自体空的思维中，实际上并未为觉悟的力量所接受，而是执著于它，在我于颠倒妄想之中思考和行动时，从执著于颠倒中解脱出来。

（2）事物的空性。如果把这一至高的真理作为两种真理加以把握，那么就会从中产生两种相对立的看法，也就是说，要么认为诸法是本质的自性存在，要么认为诸法并不存在。事物以自体的形式存在，本质上是存在着的，因此事物是无根据、无制约的，所以原因、结果、行为、行为者、发生、消灭都不复存在。如果将事物看作非存在，那便会出现不可思议的假象。相对于这两种看法，龙树是在事物空的性质（空性）之中来观察诸法的。诸法既非那种永恒的自体存在，亦非空无。事物存在于有和空的“中道”之间[202]，但它毕竟是空。世间并不存在不依缘而生之法，因此也不存在非空之法。

龙树将这一见解称作“依缘而产生”（缘生）的教义[203]，这是为他表达最深层的真理而设的。如若将这教义公式化，那他不得不马上再回到那固定的、依据其自身方法模式来说并不充分的道上去。譬如，他在对自己的教义作概括时说："没有发生，亦没有消灭，不存在永恒，亦不存在断灭，——不一致亦不相异，——不来亦不去，——那能教导依缘而产生（缘生），并能将世间运转的一切静静熄灭的人，我在他面前稽首作礼。"[204]

事物依缘而产生空性这 认识，挽救了克服苦的现实，也使这克服苦的方法得到了实现。因为如果自体存在，那么就不存在发生和消灭。如果不是通过自身的本质而存在，那么它不可能产生，并且保持永驻。如若是自体存在（Ansichsein），那也不可能会产生什么结果，不能成就任何事物，因为一切都已经存在着了。如若自体存在，那么众生就会从各种各样的状态中解脱出来。世间也就没有了苦。但如若认为事物是性空的，那么便会有发生、消灭、行事、达成。如若有谁站出来反驳事物的空性，那么他也就不得不反对世间一切现存的共同的异说。苦是存在的，正因为它既不是以自体的方式存在，亦非永久长驻。

（3）佛陀的存在或非存在。最令人惊奇，且又很清楚地道出的结果是，既然一切都不是本质的存在，似乎可以引出如下结论：佛陀也是不存在的，其教义、觉悟的智慧、修行、僧团、僧侣，以及达到目标所使用的所有方式都不存在。如若就此提出疑义，所得到的回答是：它们从空的存在意义上来讲，既不存在，又非不存在。正因为空是存在的，佛陀才得以存在。如若事物不是空的，那么便没有发生与消灭，没有苦，也就不会有佛陀及其有关苦的"苦谛"、苦的扬弃"灭谛"以及扬弃苦的方法"道谛"这些学说。如若苦是自体存在，那它是不可能被毁灭的。如若灭除苦的道是自体存在，那么其行便是不可能的，因为在道那里，永恒之中并不存在着行。如若有谁接受了自体存在的看法，那么他将一无所成。故而，佛陀、佛陀的教导及其教义的成就，都是在空中生成的。只有看到一切法都是在空性之中依条件而生起的人，才能见到佛陀的教义，见到四种高贵的真理“四圣谛”，达到苦之灭绝的境地。[205]

利用佛陀教义中的非实体性来唱反调的人，没有理解其中的真义。在空中，一切思维、表象、存在的全部都被观照，而这时那相反的论点早已不再起作用了。

若空性对某个人来说是正确的，那么对他来说，世间和超世间的一切都是正确的。若空性对某人来说是不正确的，那么他会认为一切都是不正确的。

能区分开逻辑方法论模式中的四种见解的人，其行动便包含在这被揭示的真理之中。他受到多种表象的牵累，还固执地认为两者择一的方法论是正确的：“如果这是真实，那其他无疑是没有意义的。”他“把持得很紧，一动不动”。而对那些真正打开了认识的眼睛的人来说，四种见解已不再起作用了。

通过诸如存在—非存在、永恒—非永恒、空—非空、肉体—精神等现象来观想佛陀，对佛陀的形象是有损害的。这有点像生下来就盲的人从未见到过太阳一般，他们也同样没有看到佛陀。但那能洞悉依缘产生的人，也能看见苦、苦的形成（集）、苦的灭绝（灭）以及灭绝苦之道，就像一个有眼的人能透过光芒看见所有不同的现象一样。

Ⅱ. 有关学说意义的讨论

1. 可教性

任何一种学说，如果其每一陈述都被反驳，每一存在和非存在的命题都遭破坏，并且这一操作方法被作为普遍有效的原则而被奉持，那么就会产生一种人们习惯于称作诸如否定派或虚无主义的学说。[206]但这并不正确，因为在这一学说中，所要寻求的正是那最本质的东西，并且这本质的东西依据自身的意义本身并不能形成一套学说。因此它总是以悖论的方式，自我扬弃，以及通过指示[207]于其他事物来结尾："佛陀说，我的教义是，思考没有思考的思考，说没有言语的语言，修行没有修行的修行。"(《四十二章经》)[208]

教义在行动中作为学说而产生，以文字、口头教授、修行以及行为方式诸形式而得以存在。"在听闻者的阶段'声闻乘'，聆听着、把握着、固持着、暗诵着、吟唱着这一完全智慧，在完全智慧之中去洞察、去行持。"(《般若经》36)[209]但这仅仅是第一阶段而已。尚未达到目标的僧人，聆听着教义，全身心地投入一切智中，"而生信念"(《般若经》38)[210]，如若他如上所述这样学习教义的话。他还没有获得真理，真理并不是通过知识逻辑的一定内容就能把握的，而是"猛然觉醒，达到无上的完全解脱"(《般若经》41)。[211]

这一由听闻和修学一直到真理的显现经过，其本身是一个运用思维把握住整个人的过程。这样的思维过程并未确立任何东西，而是产生出解体、混乱以及眩惑。因此，经文中教导说："如果他听到这些想法，不吃惊，不害怕……如果他在这一学说中不退没，不恐怖，如果他的精神不被搞垮……那么在这个人面前便可以指出无上的智慧了。"(《般若经》35、77)[212]

我们阅读这些经文，可以看出，这一学说是以修持为中心，并且以不断重复的形式出现；正是在这反复变化的过程中，形成了与其内容相符的独特氛围。很少能从中找出纯粹逻辑性的东西和明确的、有秩序的形式，精练的形式则更少见。辩证法仅仅是同枚举相联系的。这种说法或许是恰当的，与事态相符合的吧！因为在这种场合下，所有逻辑的分解，并未为在思维的展开方面所提供的积极的洞见做准备，而是等待着从他者而来的充分的沉默。[213]在这里，一切的论证，自己扬弃了自己。

从几则禅话中可以很具体地看出这一点(依据哈克曼)。[214]菩提达摩[215]让弟子说说他们的经验。所有的回答都是对的，但它们逐渐由表面性的答案，愈来愈向真正的答案靠近。第一个弟子说自己的经验是：即使在教示中经验和表达它的语言有关系，它也不应当依附于所表达的文字。第二个弟子曰：所经验的内容就像天堂一般马上又消失了，不留痕迹。第三个弟子道：所有的存在物只是假象的存在而已，所以所经验的内容，用语言来表达，就是假象和空。第四个弟子向前跨一步，没有回答，而是向大师礼拜，保持着沉默。最后这位弟子做出了最真实的回答，从而继承了师傅的衣钵。[216]

菩提达摩和梁武帝对话。武帝说："我不断地建造寺庙，让人写经，度新僧入僧院。有什么功德呢？"菩提达摩答："并无功德！所有这一切只不过是随形的影子而已，并没有真实的存在。"武帝："如何是真功德？"答："那就是处于空寂之中，沉潜于思维之中。这样的功德，并不是以世间的手段可以证得的。"武帝："什么是圣教中最重要的东西？"答："在一个完全空的世界里，人们不称呼什么为圣。"武帝："面对着我的这个人是谁？"答："我不识得。"[217]

但现在问题是：无上智慧发现不了，感觉不到，认识不着……我应当运用何种智慧向大家传授教义呢？回答是：应当这样修行，在修行中丝毫不因自己思想的开悟而自负。这思想的本性是清净的，它存在于非思维的行动之中。

因为完全智慧的思维是，又不是非思维，对于这一问题的回答是：在非思维之中，是发现不了存在和非存在的；因此，思维之中的非思维是否存在，这一问题是不可能被提出来的。(《般若经》35)[218]

2. 思维操作的意义是什么？

无论在何处都不应当固守一个立场，更确切地说是要从一切中摆脱出来，不执著于任何一法，各种声音和可触知的东西、所思维以及所想象的一切，在一切的理由之中使理由解体——"所证明是有理由的，恰恰是没有被证明是有理由的"(《般若经》149)[219]。因此，对立物间的抉择采用二者择一的思维方法是不足取的，而是要重新去除所有的分别。在终极的静止点上并不存在界限，而只是在思维的挫折[220]方面通过思维自身的扬弃，从而超越思维，达到完全的智慧。

因此，思维便趋于永久的自我超越。不论是什么样的表述，其自身都包含着荒谬的一面，这一说法将被看作是必然的、自我扬弃的东西加以把握，而这自我扬弃本身便可唤醒真理。

只有通过对自身的否定性表述，真理的本来面目才能得以显现。因此，通向真理的路是通过不再作为被思考的真理，而达到不再作为被思考者而自我显现的真理。真理之本来面目是作为对暂时真理的焚灭过程的思考而存在的。

人们不禁要问，这通过思维而达到的非思维究竟是什么？这从一切中得到的解脱状态又是什么？回答是这样的：把握了不可把握的东西，其自身却不能被把握，因为通过特征不再能把握住它（《般若经》38）。[221]到达了那里，智者“便一直处于无执的状态之中”（《般若经》48）；“他不在什么地方停留，而是以无执的方式存在于一切智中”。[222]

这一学说的教导者，一边这么讲，一边又自相矛盾，而方法论正是通过这一方式才被意识到的。这一学说是那在诸法之中并没有立场的人所表现出的思维的彻底性。他有能力从法中一再找到“一条出路”，但人们总是问他：这出路是从哪一法中得来？如果他说话，那么他便跟教义的本质不相矛盾了，因为他不依赖于任何法，但跟一切命题，甚至是他自己所表述出来的命题都是矛盾的。在这种情况下，一切说法都是错误的，因为语言的本体总是假的，如此说来，一切又都是有理有据的：“在传法的时候，不论谁在某处通过空性、非空性指出了错误，在这里一切都没有指出错误的必要，并且作为已经得道的人很快就可以理解这点。”这便“可以用来作为和空性相联系的一切议论之核心来观察”。(《龙树》I,27)[223]

这一思维的意义也可以这样说明：通过思维活动会产生对思维、诸法的执著，这便是在我们苦难的生存中堕落的原因。通过相同的思维活动，但方向正相反，思维将再一次被废除。自从被思维活动上了枷锁，我们再次以自我的武器冲破了束缚，奔向那非思维、自由的境地。

龙树所要思考的是那不可思考的东西，所要表达的是那不可言说的东西。他明白这一切、了解这一切，并且要取消言语表达的一切。故而他活动于自我扬弃的思维过程之中。经典篇章中显而易见的逻辑错误，只有一部分是由可以订正过来的缺陷造成的，另一部分则正是由于在不可能方面所引得的结果，亦即绝对真理的表达意愿的结果所产生的逻辑必然性。

在龙树的思维中，一方面可以发现柏拉图《巴门尼德篇》中第二部分的辩证法，另一方面也可以看出现代数理逻辑(维特根斯坦)在形式上与它的类似性。[224]这一数理逻辑将能够纠正在印度文本以及柏拉图《巴门尼德篇》无限精细的思维中那些让西方读者感到不安的错误。那些印度文本仿佛通过一个模糊不清的媒介，只是瞬间在完全的光明之中实现突破。在柏拉图那里跟在印度人那里一样，仅仅进行数理逻辑方面的努力来寻求其意义，会适得其反。我认为只有在维特根斯坦那里才能感觉到一点端倪，看出这一切究竟意味着什么。通过最纯粹最完美的思维活动，使思维自身在受挫处处于临界境况之中。尽管印度经典圣句晦涩难懂，但其思想深刻，依据当今人的理解，作为无意义游戏中的一线光亮，也还是能够成为自觉反省的动因的。

3. 实用逻辑

运动、时间、太一的非思维性是根植于相互区别的、固定的、二者择一的思维悟性之中的，为了寻得思维操作的程序，这一课题总是在一定的前提、看法下完成的，这在西方遂成为有限之中不同寻常的认识领域，从而也使得无限自身在一定的形式下，或各种不同观察视角中沦为有限思维的一种工具。

在印度，这些问题还只是处于萌芽状态时便被运用了，它们始终作为一定问题的解决方式而服务于其他目的（这一目的可能会在当今已不再起决定作用的意义前提下，依据最近几个世纪发展起来的精密的逻辑学知识，再次被重新建立）。

如若在表述中没有执著，如若一切都在他在、对立、矛盾之中涣然冰释，如若所有的规定都被消灭，没有立场存在，那么其结局不是意味着无之登场，便是出现真实存在之感觉——当然是在不再仅将它命名为存在的前提条件之下。换句话说，最终要么是对“问题”的一种游戏般的兴趣，要么是在这种手段中找到自我理解和自我主张的途径之一——这是一种完美的世界优越感，与世间万物和自我现实存在保持着完美距离，从而达到一种超越自我的完美的心态。

在思维运动中获得了逆向的关系，并不涉及这一作为无之存在，作为空之空间的关系——但问题总还是有的：那里的真实情况又怎么样呢？所说出来的已经跟其所指相左了，但实际上它在世间获得了可视性。

我们把视线转向亚洲就会发现，这一可视性，要么是在禅定中的僧侣生活，通过祈祷来加强，要么是在仪式和崇拜中，通过咒语和手势得以呈现。然而，上述两者均不是逻辑辩证法的真义，它是以哲学的方式完成的。在这些可视性中，它们的目标是消极的：拒绝所有的形而上学，将其作为与我对立的另一个客观存在的认识（就像在印度教系统中那样）；以及积极的，完全的智慧是在自我的非思维状态中获得的，因为我们通过思维进而可以超越思维。

4. 反对形而上学之立场

龙树摒除了一切形而上学的思维方式。他不谈创世之说，到底是通过神（自在天）[225]，还是通过神我[226]、通过时间、通过其自身创造了世界，这一切他全都避而不谈。他反对谈论对诸规定、自我存在以及原子表象的执著，反对谈论一切断灭见、常见，他还反对谈论我见。

代替被摒弃的形而上学的位置，逻辑的思维方法便出现了。佛陀的根本态度——乃是有利于顾及拯救以及拯救的本质性真理，而拒绝对本体论问题提出疑问——予以贯穿始终。早期的存在思维方式，通过自我扬弃的思维运动而得到了澄明。

印度哲学很久以前就完成了内容极丰富的逻辑学说。当时的逻辑是为了公开讨论以及思考世间的知识而设计的。直至近几个世纪，在藏传佛教诸派中，逻辑学仍属于世间的学问这一范畴（舍尔巴茨基）。[227]然而在这里，逻辑学是通过思维自身使思维在毁灭的过程之中，作为统一根本存在的手段[228]，并非是在本体论的存在认识意义层面上而言的。

这一思维并不能使形而上学的思想产生，而只能使之消除。这一思维不论是在世间，还是在超越者睿智的领域，都不能找到任何基础。形而上学的思辨被摒弃掉了，神秘的思维形式也变得没有意义了。但是，只要这一宇宙尚持续存在着，一切一再重新被焚弃的材料事实上也总还是存在着。

舍尔巴茨基把佛教的反形而上学哲学与吠檀多派[229]的形而上学哲学进行了对比。[230]佛教也好，吠檀多派也好，两者都否定世界的实在性。但是，当佛教徒否认表象世界的实在性时，他们也就止步于此，因为在表象世界之外，是我们的知识所无法触及的东西。与此相反，吠檀多派信徒只否认现象界的实在性，以此来确立梵天（Brahman）[231]的真实存在。佛教徒进而认为，认识的本质是不可分的，只是由于错误的洞察力，才使我们出现主体和客体分裂的意识。吠檀多派信徒则认为，整个世界的本质是一个永不停息的单一实体，主体和客体在意识上的分裂只是一种幻觉。

5. 完全智慧的境界

这一境界被称作没有争论的状态。思想不断地在冲突之中摧毁每一个陈述，它所到之处恰好一切冲突得以止息，不再有争论者

"住"在那里(《般若经》36、54)。[232]"住于无净之地"是佛教的要求，但这是一个怎样的境界呢?

它被描绘成：带着已经完成的工作，已经完成的任务，丢掉身上的重担，目标就在眼前。思想获得了自由，在受自身控制的解脱智慧中获得了一切思维之主宰。生存的羁绊消除了，不纯净的一切被除去了，没有苦恼的境地达到了。(《般若经》34)[233]

一切的法皆是在相的迷妄之中、为情欲所充斥之中而获得苦难的困境的。这一苦正处于空性之中，故而可以被克服掉。现在的境界同时远离了迷妄与烦恼。在已完成了的静寂之中，虽然诸法的空性已不复存在，但这一生存也不再打动人心了，它失去了恐惧感，失去了毒，也失去了力。在这一境界中可以发现，诸如生、死、时间不再适合"相"了，一切的去和来等假象对不可动摇者来说都变得没有意义了。

这一思想的立场并非通常意义的怀疑主义。因为它依据思维操作，超越了真伪的对立，也就是说超越了思维，也超越了独断论与怀疑论的对立。人们称之为否定主义，这是判断上的错误，因为在龙树的学说中否定跟肯定一样彻底被克服掉了。人们称之为虚无主义，那也是瞎说八道，因为它摈弃了"存在"和"无"二者择一的方法论。[234]

跟在完全智慧的境界中一样，"存在"作为世界的空性而被体验到，以各不相同的具体形象被阐明：诸法对完全获得智慧者来说如同回声，不在思维中浮现，不为所观，无所知。(《般若经》75)[235]他生活在这世间，就如同生活在"乾闼婆城之空性"(幻影之城)中。(《龙树》27)[236]事物"虚妄的性质"——事物存在又不存在

（在所有四句分别命题中都未予以正确考虑）[237]——被比作（在印度这被认为是真实的）魔术师的一出把戏（般若经》46）[238]，譬如一位魔术师在一个十字路口用魔法变出一大群人来，然后又施魔法使他们消失了一般，这个世界便是这样。就像上面所讲的，魔术师并没有杀死谁或除掉谁，在此，达到完全智慧的人使无法度量的本质消逝得无影无踪。

对悟道者来说，所有的事物如同通过一个既非处于事物（法）的概念之中，亦非处于非事物（非法）的概念之中的方法，而成为可认识、可看到、可信任之法。完全明悟的人用以下的偈句予以说明："星、暗淡、光、虚妄、露、水泡、梦、电光、云。"（《般若经》157）[239]

这与在此世间现实存在价值的评价是相吻合的。在一部经典中，佛陀这样说："在我的眼里，王侯的威严与尊位不过是日光中之尘埃；在我的眼里，黄金和宝石不过是黏土和碎片……在我的眼里，几千世界体系，不过是诃黎勒药树果子[240]……在我的眼里，（佛教的）救济方法不过是无意义之宝物积聚……在我的眼里，佛陀的道不过是眼前花……在我的眼里，涅槃不过是从日间和夜里的睡眠中醒来……在我的眼里，（不同学派之）谬误和真理，不过是六条龙在飞舞。"（哈克曼）[241]

人们是否可以说：这一悟道者只看到了一个不可言说的空？他已沉没于没有差别的无边无岸的海洋中？对此我们不得不踌躇起来。使自己的领域从诸法的束缚中解脱出来的人，摆脱了我们的看法和判断。"就像在空中飞过的鸟的痕迹一样，人们很难寻着他的道。"（《法句经》92）[242]但没有价值、不足道以及没实质的一切都在根源性的颠倒妄想之中出台了，这一点却是无疑的。

6. 邪见[243]

处于完全智慧空性之中的超越世界与超越自我的精神境界并不明确。[244]

完全自信中的“空性”对任一圆满来讲都保持着开放，因此它在现实存在中永远不可能完全充盈，也永远不会处于终局。“空性”从最远处的现实存在中来，允许圆满得以实现而非沉溺于其中，抓住它而不是被它抓住。这一空性存在于一切之中，同时又总是超越这一切，它在满足的状态之中感到了无限的不充足，在使得一切有限者遭受挫折之处所放射出的光辉中，仅能感受到一丝微光。因此，这一态度在时间中，尽管其在根本上是由静寂产生的，但仍是开放的，也就是说它是活动的、积极的、忧虑的、功德圆满的。这一切的实施又依据一个尺度，一个同时使这一切消失的尺度。现在，空性的谬见产生了，它出现于仅当空性消极地被在无的静寂中的一切现存在吹散的情况下。在这一情况下，空性使自我的现实存在在时间之中萎缩，因为所有的充盈被抛弃掉，而这正有利于非存在、存在，空性、静寂依附自体的抽象的充盈。如若被掩盖了的真理“俗谛”的材料不复存在，深埋于深不可测的涅槃内容中的焚毁过程也不会再生起。随同现实存在的现实性材料，理解的语言也消失了；这时，那沉没于消亡之中的一种东西便进入无法传达之中。

这一被描述成邪见的可能性，是依据西方的思维方式得到的，然而在龙树的哲学著作当中，邪见被适当地看作是从真正的思维方法出发，由于自己的思维而产生的错误结果。他道出了完全智慧之道，它因此存在于被别人告知、所误解的一切之中，存在于从那里所说出又马上被滥用的一切之中，接下来所得到的结论是：世世代代人类的解脱并不是一个进步的过程，而是从误解进入破灭的过程。

在整体之中预见是很糟糕的事。“佛陀涅槃后，五百年之后只是模仿佛法[245]，以后人的感觉逐渐变得迟钝了，不再能体悟到佛陀的真义，而只是执著于语言和文字。”（《龙树》Ⅱ，2）[246]这是怎样产生的呢？他们只是听、说绝对之空，而不理解其所以然。他们说出了怀疑的想法：如果一切皆空，人们如何能分辨善、恶之结果？[247]因此，他们只能在世间层次的表象中提问，对他们来说，世间真理（俗谛）和绝对真理（真谛）间并没有区别。[248]也就是说，思辨所指的是，他们在设定目的的悟性这一层面进行思考。在客观化的思维中，空性学说失去了意义，因为他们仅仅执著于与此相关联的命题，从中引出与学说相去甚远的结论。对佛、法、僧进行扬弃，从而进入空性之中[249]，并不意味着对此有所异议，而是使之作为法而处于浮动中，他们怎能理解这一点。这一浮动只能在任一表象、某一思维、某一命题的非绝对化之中达成。它所表达的意思是在法中共同步入灭除了苦的完全智慧的真实之道，这是一切现象的非绝对存在中的最深层世界及自我透视。他们由于执著于教义的命题而失去了这一透视。他们从指向性的指针滑落（Abgleiten）到意识之中，从而失去了思想。

与意义深远的教义进行交流自然是有益的，但从另一方面来讲也是危险的。如果不能正确把握它，它会让你丧命。因为如果空性被不完全地观察，那么就不单单会使一知半解者处于迷妄之中，而是使之毁灭，就如同技术很糟糕的人抓毒蛇一样，也好像魔术与降魔术在一次演出中演砸了一般，会导致破灭。(《龙树》I，151)[250]

最后，空性在通俗佛教看来究竟是怎样的呢？中国12世纪的一本教化书中写道：那能洞悉身体组成之空性的人不再为各种意见所左右，不再执著于行动和作为，喜爱在非思维之中打坐。(哈克曼)[251]

7. 作为前提的统摄之根源意义

这一颇具特色的思维方式，并没有一个对象——一个能使其悟性通过理由与事实而被强制理解的对象。它的前提不是一则命题，而是通过思维形象和譬喻显露出来的统摄。[252]所有的思想都潜入一种氛围之中，如果没有这一氛围，这些思想都将逐渐消亡。思想照明了思想家作为前提的境地，如果没有这一思维，思想家是不可能达到这一境地的。

根本状况显然是通过逻辑思维来强制获得的。逻辑是为了摧毁逻辑，从而证明思维也是假象。要证明的是，没有什么可以被证明，没有什么可以被断言，没有什么不能被断言。

在这种情况下，人们发现了作为能长久存在的逻辑思维的必然性，但这些发现也仅是一项玩弄理性的游戏而已，人们不禁要质问，究竟是靠什么兴趣才产生这些游戏？

因此，只要这一思维在我们面前以亚洲的形态展现，人们马上就可以看到一幅有关其根源性虚幻的表面情景：不论所主张的是什么，都将在讨论中被击败。这一否定出现在毁灭的胜利意识中，任何东西都无法抵挡。已说的以及可说的一切依据一再重复的同一手段被证明是站不住脚的。真正的意义隐藏于戏论背后：一切存在及非存在的陈述都应在无净的境界中予以扬弃。所有思维的自我否定应当为他者而停止活动。[253]这一他者能够通过借助于瑜伽术中较高层次意识禅定诸阶段所得到的经验，而获得圆满。[254]但要想达到这一他者的境界，就要保持一般意识的状态。空性就在眼前，为了这一非言诠但又充满绝对自信的经验者，这些事物在存在和非存在之间浮动着。

这一统摄并不是作为经验的心理状态被描述的，但却对其轮廓做了大概的勾勒。莎伊尔试图从原始语言用法上入手来找到一些提示。[255]空性（Sunyata）是作为禅定的一个阶段而被使用的（巴利文圣典）：“他现在可以看到一个空荡荡的村子，他所进入的每一所房子都可能是无人居住的、荒凉的，且空无一人；他所接触到的每一道菜肴，都可能没有实际存在，是空的。”[256]在这种情况下，人的感性被拿来与空的村落相比较，空绝对不意味着对存在之否定，而是无关心性、单调、非涉及性。“无相”（animitta，没有一定的相存在，失去了一切征表）[257]在巴利文圣典中的意义是：不执著于被感觉到东西的特征；这并不意味着否定，而是一种实际的态度，在这一态度中被比作警觉的守城门卫士的僧人，拒绝感觉刺激从外部涌入。[258]摩耶（幻）[259]指的是将世界与幻影相比较，以表达出存在展开的随意性与无意义[260]，而不是将存在展开的现实予以否定。不要忘了与模仿、回声、梦有关的譬喻。印度人在这些现象之中看到了真实性。在这里，所指的并不是生存的否定，而是生存的虚妄。

8. 佛教诸派基本立场概观及所有学说的终极含义

空观派(Sunyavadin)是诸多派别中之一派。所有这些学派的共同点是佛教的解脱意志，有关苦及世界现实虚幻性的知识。在这些共同点内部，由于对世界实在性认识的思考不同而产生了见解上的分歧。

外部世界是实实在在的，并且在知觉中可直接认识(说一切有部)[261]；外界通过感官是觉察不到的，但其存在可以通过知觉推论出(经量部)[262]；只有意识的确实性通过自身而存在着，内部世界是实在的，主体和客体间的区别实际上并不存在(瑜伽行派)[263]；不论是外部世界还是内部世界都不能作为现实的、独立的存在来认识，主体存在同客体存在的实在性并没有区别(空观派，龙树属于这一派)。[264]

在这一“认识论的”诸见解的类型化中，我们可以重新寻获观念论与实在论[265]、理性主义与经验主义[266]、实证主义与虚无主义[267]等思想中的西方模式，特别是涉及寻求外部世界现实性的问题。但所有这一切只指示出了源于一种哲学性的、合理的残滓。依据可说的教义，在哲学中产生的这一本质的东西作为一种见解显然是不可言说的。它在一定场合可以

> 作为一定知识的救济方法，这是行得通的。正因为所有的知识在积极的意义上所表达的是可言说的内涵，而不是执著于某物，故而救济的道乃是一切知识、一切可知性以及一切看法的分解。

一切生存可能的空性，将趋于积极的存在，从那里通过颓落回到世间层面而产生祸与苦，并且归路也就在这里，一切思维与思想存在都归于颓落。思维的真正意义在于从思维的施展回归到非思维的状态之中。通过思维施展所产生的，又通过高层次的思维，使它在思维的解体中遭到摈弃。而这最终发生在对一切记号存在以及一切言语的不真实透视之中。如若单单将言语已有的存在透视作记号，并且其又失去了真正意义，那么言语自身也将消亡，这便是解脱。进入意识的世间转变中，处于空性的苦难的形成，这一切将重新回到其根源状态之中。

学说、言语、引导进入救济之道，通过同一思维而产生与思维有关的颓落从而使思维分解，这一切现在都还存在于此世间。因此，尽管一切的洞见通过思维的自我扬弃而得以进入思维的本质，但总还是有一个立场存在着——那当是沉默的真实严肃态度，这样，一切的言说、听闻、传达都完全停止。[268]因此，在龙树那里作为“依存发生”(缘起)教义的这一立场，重新被确立为空性的一种固定方式。

龙树“依存发生”学说的意义在于，一切都是同时存在并且又不是，一切都是有条件的存在。这便是达到智慧的人的洞见，他因而成为一切思想的主宰，而不是屈从于各种思想。他活动于所规定的一切思想之中，并且超越这一切思想之上而浮动。他以自我生存的形式进入浮动（Schwebe）之中。一切的制约都处于这一世界——被比作魔术师的欺骗——之中：通过自我以及我的思维而存在。这一诸法的世界和自我，存在于有条件的存在过程之中。这是依存发生的过程，它产生了我们误以为就是我们自己的家，同时又在其中一直受苦，寻不着出路的世界。但这一依存发生的整体世界，连同依其言语陈述的教义终将被冲破，这便是解脱。所得胜之处，迷妄退却了，一切处于不可言说的开放之中。教义被比作渡过现实存在河流的运载工具（乘）。运载工具到了彼岸反倒成了多余的东西。如果有谁将教义中从属于世界现实存在的虚妄加以奉持，那么他真是愚不可及，就如同从岸边去一个新的地方漫游，还把船扛在肩上一样。得智慧的人会将它扔在身后的河中，教义是为人们解脱而设立的，并不是让人固守的。[269]

历史比较

在比较中，思维形式的类比只会更清楚地显示出表现在它们身上的历史内容的差异。相同思维形式的力量，有助于相互之间并没有关系的各种力量共同起作用。

（1）辩证法。它是通过对立和矛盾而进行的思维活动，但其意义是很不相同的：它通过矛盾引向各种临界，并在这里显示出深渊和开放；临界境况成为痛苦与要求。辩证法导向自我完结的圆环形态，在其中矛盾通过合题而被扬弃为一个整体；这一思维在保持每一瞬间的情况下，使当下的整体得以实现。在一种现实性之中，否定本身通过否定之否定产生肯定，辩证法正是作为这样一种现实性被构想和实施的；人们期望着在否定的思维和行动中，通过这一过程本身能自动出现新的什么东西。

这些方法之中并没有哪一种是佛教辩证法的本质。佛教的辩证法是思维的尺度，既非存在亦非无，又两者都不是，但用这些陈述是把握不住它的，它是通向非思维的思维扬弃的手段。

在尼采的思维过程中可以发现跟这一方法一定程度上类似的方法。尼采也不允许我们在任何立场上找到稳定与安宁。他将我们投入对立的旋涡之中，使每一陈述随时通过相互矛盾的陈述而重新予以扬弃。他被有意识地看作是虚无主义的完成者，有观点认为他同时又成为虚无主义的第一位克服者，正是通过这一切，得以在现代世界完成其精神处境学说。但是，作为一位通过实际的，而不是在思维上精心创造的辩证法，想以此使我们众生得以完全解脱的哲学家，尼采认为，在这种情况下，这一解脱完全不是作为进入他者、进入非思维的一个步骤，确切地说是进入全体、进入无条件可把握的世界现实中去。他不愿使那被他否定了的超越保持开放，而是为着大地、为着人类进步的缘故，透过自我、超越自我以达至作为他自己世界的大地，依赖于“一切皆非真，一切皆被允许存在”这一命题而进入善恶之彼岸。[270]

跟众多佛教徒一样，尼采也试图取消一切范畴。他认为不存在统一、因果律、实体、主体，等等。这一切都是有用的，也许是受着生命制约的虚构。龙树说，一切事物背后并没有物自体存在，没有任何思想和任何思考的东西是真实的，而是相互依存的。尼采和龙树都认为这不是存在，一切只是解释而已[271]，但是，在这一共同的思维形式——解除思维操作的背后，两者有各自完全不同的目的。这些目的究竟是什么？我们的理解力永远也不可能完成这一课题。这在龙树和佛教徒面前是作为解脱的意志和涅槃加以表述的，而在尼采那里却是作为权力意志和达至超人予以阐明的。[272]

(2) 凭借范畴所形成的世界存在的结构。佛教徒有自己所谓的（一切存在的根本范畴是连环的）因果形式。[273]瑜伽行派特别强调由于其展开而产生的世界现象的根本识[274]、种子识[275]。这一思想的实施显示出：这是什么，是以何种形态出现的，究竟什么是不存在的。它显示出了一切现象的结构。我们可以从西方观念论那里找到与这一印度的见解一致的地方。实际上，康德就认为世界存在的全体只是作为现象，其形式是由意识一般的诸范畴来决定的。一切可认识的对象都不是其现实存在，而是依据其形式通过主体产生出来的形态。所谓先验观念论[276]，是在思维自我展开的世界存在体系的构图中，在多种多样的秩序中得以完成的。

但是类似点同时又显示出了差别。印度人冥思这一结构是为了从认识世界中获得其真理性，因为世界就像幻梦一样。而康德构思出这一结构是要在可能的经验界限内，表明世界的认识是真实的。对他来讲，世界应当是现象的，但不是假象。追随康德的观念论者认为，这一范畴的构造在其意义界限内并不局限于现象之中，而是作为永恒的真理本身，作为上帝的思想而存在。不论是康德，还是他的继承人，都没有与佛教思维相类似的地方。因为德意志观念论者所要表明的是[277]世界认识和世界行为的正确性，而佛教徒却正相反，他们要抛弃这一世界，放弃这一没有价值的、从本质上来讲是错误的世界认识，放弃在世界形成中的行为，因为这不仅仅是徒劳的，而且是偏执的。

(3) 空性与广阔。空性，允许最广阔的领域存在，准备着作为出发点来接受世间诸事物，为的是从中寻见飞跃。对世间一切事物的漠不关心同样也允许其他一切的存在。故而佛教能以宽容的态度对待其他诸宗教、生活方式、世界观。佛教，跟上面所提到的这一切一样，是为了作为与其相适合的低一级的世俗谛而存在，又从下级的、世间的真理中得到飞跃，这一无制约的开放性深深地吸引着人类的心灵。佛教赢得了亚洲，虽然也曾受到过镇压，但其自身却从未使用过暴力，从未将教义强施于他人。在佛教的历史上没有过宗教战争[278]、宗教裁判所，也没有被有组织的教会掌管的世俗政治。

西方理性的空间似乎与佛教的这一思维方式类似，理性跟空性一样都是无限开放的，两者都听从，都承认。[279]但其间是有区别的：佛教的圣贤来世间走一遭，就像鸭子游水一般，身上不会弄湿。他以放弃世间的方式克服了世间，他在非思维、出世间证得了自我圆满。但是，西方人的理性并不是在绝对之中得到自我实现，而是在其自我存在中，亦即在一切的世界历史性之中得以完成的。充满理性的西方人，只是在历史的实现之中，在与历史的实现同一的形成之中，找到了原因，在那无限广阔、无限遥远的空间中挣扎，他们知道从那里可以获得他们自己的自由，并借此获得超越。

（4）隔阂。跟世界以及自我本身的隔阂，我在世间所遇到的一切，以及我自己的所做、所想、存在，与这一切相对立的精神的解放，以一种纷繁复杂的形式得以实现。

在《薄伽梵歌》[280]当中，起作用的是这样一些观念：在战斗中，尽管出击异常猛烈，但战士的观念还是保持着不参与的无关心态度[281]，尽职尽责地执行计划，将强烈的活动看作是毫无意义的。伊壁鸠鲁享乐派的根本态度是：我拥有感情冲动，但感情冲动并没有完全控制我。保罗认为在这世间行事和生活，好像我并不在跟前一样（hosme）。尼采以为，隔阂这一概念对自我来说，是作为高贵精神的特征而设想的。[282]

在佛教徒和龙树那里，尽管"隔阂"的形式跟西方的相类似，但其根本态度却完全不同：重点放在非人格上；一切都是在世间无关心中形成的，同时产生自我消亡。隔阂并非是从一个"我自己"产生出来的，而是来自那不再被称作"我自己"的超越现实性。[283]

在所有西方的"隔阂"形态之中，世间现存的一切是本质的东西：不管这种现存在者具有的是一点相同的自我空虚的自由，也不管他是在历史性沉降之中、在通过接受自我存在及自我同一之中进入无限而照亮自己，在反省之中体验隔阂的这样一个自我。

从亚洲方面来看，这一系列的隔阂总是不完全的，因为这一切之中存在着对世界的执著。从西方来看则正相反，亚洲的隔阂观念被看作是从世间产生，在无法达到、不可传递之中消失了。

参考文献

I. 原典(Quellen)

A 佛典(巴利文经典)(Buddhistischer Kanon/Pālikanon)

1. K. E. Neumann (Übers.), *Die Reden Gotamo Buddhos aus der Längeren Sammlung Dīghanikāyo des Pāli-Kanons*, 4 Bde., München 1927 - 1928.

   (《长部》,诺依曼德译本,慕尼黑,1927—1928 年)

2. K. E. Neumann (Übers.), *Die Reden Gotamo Buddhos aus der Mitteren Sammlung Majjhimanikāyo des Pāli-Kanons*, 3 Bde., (1896 - 1902), München 1922.

   (《中部》,诺依曼德译本,慕尼黑,1922 年)

3. K. E. Neumann (Übers.), *Die Reden Gotamo Buddhos aus der Mitteren Sammlung der Bruchstücke Suttanipāto des Pāli-Kanons*, München 1905.

   (《经集》,诺依曼德译本,慕尼黑,1905 年)

4. K. E. Neumann (Übers.), *Die Lieder der Mönche und Nonnen Gotamo Buddhos aus den Theragāthā und Therīgāthā*, 2. Aufl., (Berlin 1899), München 1925.

   (《长老偈・长老尼偈》,诺依曼德译本,慕尼黑,1925 年)

5. K. E. Neumann (Übers.), *Der Wahrheitspfad* (*Dhannapadam*), 2. Aufl., München (1893) 1921.

（《法句经》，诺依曼德译本，慕尼黑，1921 年）

6. O. Franke（in Auswahl übers.）, *Dīghanikāya. Das Buch der langen Texte des buddhistischen Kanons*, Göttingen 1913.
（《长部》，弗兰克德文选译本，哥廷根，1913 年）

7. Nyānatiloka（Übers.）, *Die Reden des Buddha aus dem Anguttara-Nikāya*, 5 bde., München-Neubiberg o. J.（1922 ff.）
（《增支部》，三界智尊者德译本，慕尼黑-诺伊比贝尔格，1922 年）

8. W. Geiger（Übers.）, *Die in Gruppen geordnete Sammlung Samyutta-Nikāya*, 2 Bde., München-Neubiberg 1922 - 1930.
（《相应部》，盖格尔德文选译本，慕尼黑—诺伊比贝尔格，1922—1930 年）

9. H. Oldenberg, *Reden des Buddha. Lehre, Verse, Erzählungen*. München 1922.
（《佛陀讲道集》，奥登堡德译本，慕尼黑，1922 年）

10. K. Seidenstücker（Übers.）, *Pāli-Buddhismus in Übersetzungen. Texte aus dem buddhistischen Pāli-Kanon und dem Kammavāca*. 2. Aufl., München-Neubiberg 1923.
（赛登施蒂克：《巴利文佛典德文选译》，慕尼黑—诺伊比贝尔格，1923 年）

B 龙树（Nāgārjuna）

1. M. Walleser, *Die mittlere Lehre（Mādhyamika-śāstra）des Nāgārjuna*. Nach der tibetischen Version übertragen. Heidelberg 1911.
（《中论》，瓦理瑟译自藏文的德文本，海德堡，1911 年）

2. M. Walleser, *Die mittlere Lehre（Mādhyamika-śāstra）des Nāgārjuna*. Nach der chinesischen Version übertragen. Heidelberg 1912.
（《中论》，瓦理瑟译自中文的德文本，海德堡，1912 年）

3. M. Walleser, *Prajñāpāramitā. Die Vollkommenheit der Erkenntnis*.

Nach indischen, tibetischen und chinesischen Quellen. Göttingen 1914.

(《般若经》,瓦埋瑟译自梵文、藏文和中文的德文本,哥廷根,1914年)

Ⅱ. 研究文献(Literatur)

1. Chantepie de la Saussaye: *Lehrbuch der Religionsgeschichte: vierte, vollständige neu bearbeitete Auflage*, hrsg. v. A. Bertholet u. E. Lehman, 2 Bde., Tübingen 1925.

(索赛:《宗教史读本》,二卷本,蒂宾根,1925年)

2. O. Franke: *Geschichte des chinesischen Reiches*, 4 Bde., Berlin 1930 - 1948.

(福兰阁:《中华帝国史》,四卷本,柏林,1930—1948年)

3. H. Hackmann:

a. *Chinesische Philosophie*, München 1927.

(哈克曼:《中国哲学》,慕尼黑,1927年)

b. *Der Zusammenhang zwischen Schrift und Kultur in China*, München 1928.

(哈克曼:《中国文字与文化间的关系》,慕尼黑,1928年)

c. *Der Buddhismus*. 3 Bändchen, Tübingen 1906.

(哈克曼:《佛教》,三卷本,蒂宾根,1906年)

4. H. Kern: *Der Buddhismus und seine Geschichte in Indien*. Deutsch v. H. Jacobi, 2 Bde., Leipzig 1882 - 1884.

(恺恩:《佛教及其在印度的历史》,二卷本,莱比锡,1882—1884年)

5. F. Köppen: *Die Religion des Buddha und Ihre Entstehung*. 2 Bde., Berlin 1857 - 1859.

(克本:《佛陀的宗教及其形成》,二卷本,柏林,1857—1859年)

6. H. Oldenberg：*Buddha, sein Leben, seine Lehre, seine Gemeinde*. 7. Aufl., Stuttgart 1920.
（奥登堡：《佛陀——其生平、教义和僧团》，斯图加特，1920 年）
7. R. Pischel：*Leben und Lehre des Buddha*. Leipzig 1917.
（皮舍尔：《佛陀生平与教义》，莱比锡，1917 年）
8. S. Schayer：*Vorbereiten zur Geschichte der mahāyānistischen Erlösungslehre*. Freiburg 1921.
（莎伊尔：《大乘解脱教义史入门》，弗赖堡，1921 年）
9. Th. Stcherbatsky：*Erkenntnistheorie und Logik nach der Lehre der späteren Buddhisten*；deutsch von Otto Strauß, München-Neubiberg 1924.
（舍尔巴茨基：《晚期佛教教义的认识论和逻辑学说》，慕尼黑—诺伊比贝尔格，1924 年）

缩略语表

此"缩略语表"主要供下面的《佛陀》与《龙树》的"注释"部分使用。

AN. *Aṅguttara-Nikāya* (PTS.). (《增支部》)

Conze Edward Conze, *Vajracchedikā Prajñāpāramitā*. (SOR. XIII), Roma 1957. (《金刚经》)

CPB. T.R.V. Murti, *The Central Philosophy of Buddhism*. London 1955. (《佛教哲学要旨》)

Dh. *Dhammapada* (PTS.). (《法句经》)

DN. *Dīgha-Nikāya* (PTS.). (《长部》)

HBI. Étienne Lamotte, *Histoire du Bouddhisme Indien*. Louvain 1958. (《印度佛教史》)

HOS. *Harvard Oriental Series*. (《哈佛东方全书》)

IC. Louis Renou et Jean Filliozat: *L'Inde Classique*, 2 tomes, Paris 1947, 1953. (《印度古典文献》)

Mitra R. Mitra, *Aṣṭasāhasrikā*. (Bibliotheca Indica), Calcutta 1888. (《八千颂般若》)

MN. *Majjhima-Nikāya* (PTS.). (《中部》)

Nag. I M. Walleser, *Die Mittlere Lehre des Nāgārjuna* (*tibetische Version*), Heidelberg 1911. (龙树《中论》(由藏文本翻译))

Nag. II M. Walleser, *Die Mittlere Lehre des Nāgārjuna* (*chinesische*

	Version)，Heidelberg 1912.（龙树《中论》(由中文本翻译)）
Oldenberg	H. Oldenberg，*Buddha*，*sein Leben*，*seine Lehre*，*seine Gemeinde*，Stuttgart & Berlin 1923.（《佛陀——其生平、教义和僧团》）
Pr.	M. Walleser，*Prajñāpāramitā*.（《般若经》）
PTS.	Pāli Texts Society (London).（巴利圣典协会）
SBB.	*Sacred Books of the Buddhists*.（《佛教圣典》）
SBE.	*Sacred Books of the East*，ed. by F. Max Müller，Oxford.（《东方圣书》）
SN.	*Saṃyutta-Nikāya* (PTS.).（《相应部》）
Sn.	*Suttanipāta* (PTS.).（《经集》）
SOB.	G. C. Pande，*Studies in the Origins of Buddhism*，Univ. of Allahabad 1957.（《佛教起源之研究》）
Vin.	*Vinaya-Piṭaka*，ed. by H. Oldenberg.（《律藏》）
Wogihara	U. Wogihara，*Abhisamayālaṃkār'ālokā Prajñāpāramitāvyākhyā*.（Commentary on Aṣṭasāhasrikā-Prajñāpāramitā)，2 vols.，Tokyo 1932–1935.（《八千颂般若经释》）

大正藏	"大正新修大藏经"，高楠顺次郎、渡边海旭主编，1924—1934 年
内明	《内明》，香港佛教刊物，1972—1997 年
现代佛教学术丛刊	《现代佛教学术丛刊》，张曼涛主编，共 100 册，台北：大乘文化出版社，1976—1980 年

Ph.	*Philosophie* (3 Bde.，1932)，Springer 1948[2].（《哲学》三卷本）

V u. E	*Vernunft und Existenz* (1935), Bremen 1949. (《理性与生存》)
Einführung	*Einführung in die Philosophie* (1950), Piper 1953. (《哲学入门》)

译　注

《佛陀》注释

［1］从雅斯贝尔斯书后所列“参考文献”可以知道，这里所谓的《佛典》指的是巴利语诸经典。巴利语系的大藏经为南传佛教上座部奉行的经、律、论三藏典籍。这些经典大体上与北传佛教汉译经典中的《阿含部》相当（《大正藏》①②之二卷）。具体对照如下：

汉译四阿含	Nikāya（巴利语五部）
1.《长阿含经》20经（22卷）	1. Dīgha-Nikāya（《长部》）34经
2.《中阿含经》222经（60卷）	2. Majjhima-Nikāya（《中部》）152经
3.《杂阿含经》约1362经（50卷） 《别译阿含经》364经（16卷）	3. Saṃyutta-Nikāya（《相应部》）约2872经
4.《增一阿含经》约471—472经（50卷）	4. Aṅguttara-Nikāya（《增支部》）2198经
	5. Khuddhaka-Nikāya（《小部》）15经
	① Khuddaka-pāṭha（《小诵》）
	② Dhammapada（《法句经》）
	③ Udāna（《自说经》）
	④ Itivuttaka（《如是语经》）
	⑤ Suttanipāta（《经集》）
	⑥ Vimānavatthu（《天宫事经》）
	⑦ Petavatthu（《饿鬼事经》）
	⑧ Theragāthā（《长老偈》）
	⑨ Therīgāthā（《长老尼偈》）
	⑩ Jātaka（《本生经》）
	⑪ Niddesa（《义释经》）
	⑫ Paṭisambhidāmagga（《无碍解道经》）
	⑬ Apadāna（《譬喻经》）
	⑭ Buddhavaṃsa（《佛史经》）
	⑮ Cariyā-piṭaka（《若用藏》）

更详细的介绍，读者可参考高楠顺次郎等著《南传大藏经解题》(蓝吉富主编"世界佛学名著译丛㉔"，台北：华宇出版社，1984 年)以及赤沼智善(Chizen Akanuma)教授著《汉巴四部四阿含互照录》(*The Comparative Catalogue of Chinese Āgamas & Pāli Nikāyas*, 1929, "世界佛学名著译丛㉓")。

[2]《佛典之〈长部〉》(*Dīghanikāya, das Buch der langen Texte des buddhistischen Kanons*, Leipzig 1913)，此书系选译本。其他译本尚有：《〈长部〉》(选译本)(*SBE*. Vol. 11)；《导师之〈长部〉》(选译本)(P. Dahlke, *Die lange Sammlung der Lehrenden*, Zehlendorf 1920)；《巴利语佛典三藏》(选译本)(J. Boch, J. Filliozat et L. Renou, *Piṭakaṃ, Canon Bouddhique Pāli*, Paris 1949)以及"原典"中所列诺依曼(K. E. Neumann)之四卷全译本。

[3] 现存的佛典可大致分为北传和南传上座部两个系统。南传巴利语佛典是用各不相同的文字字母(僧伽罗文、缅甸文、泰文、高棉文、老挝文以及中国云南的傣文)音译而成的，北传梵文系佛典，按文字之不同可分为汉语、藏文、蒙古文、满文、西夏文以及日文。这两者比较起来，北传佛教的经典规模更为庞大。

[4] 关于阿育王的出生年代，历来有各种说法。而《大摩崖法敕》第十三章所举希腊五王国之各王在位共同年份是公元前 261 年，或自公元前 272 年至前 258 年这 14 或 15 年间。因此，阿育王灌顶即位被推定是在公元前 270 年前后。有关佛陀入灭至阿育王出生之间的年份，北传《杂阿含经》等所记为佛陀入灭百年，《异部宗轮论》所记为百年有余，《十八部论》等所记为 116 年。又《岛史》《善见律毗婆沙》记载，阿育王即位的年代是佛陀入灭后 218 年，而佛陀入灭百年前后，另有迦罗阿育王(Kālāśoka)在位。《于阗悬记》(*Liḥi-yul-luṇ-bstan-pa*)记载，佛陀入灭后 234 年有达摩阿育王。另据《岛史》记载，阿育王统治的年数为 37 年。

[5] "反照之痕迹"(Widerschein-Abglanz)这一概念与雅斯贝尔斯同时代的哲学大师海德格尔(Martin Heidegger)的"光"(Licht)的含义大抵相当，

见《存在与时间》(M. Heidegger, *Sein und Zeit*, Tübingen 1979. S. 8, 17, 23, 28, 133, 154, 277, 352, 413, 432)。“存在自身出现了，闪烁着光芒，并形成了语言”(„Das Sein kommt, sich lichtend, zur Sprache.“)，见《论人道主义》(*Über den Humanismus*, 1947, S. 45)。“人就是‘现实存在’，也就是说他以存在的光明形式存在并活动着。”(„Der Mensch west so, daß er das ‚Da‘, das heißt die Lichtung des Seins.“ *Ibid*. S. 15)

[6] 有关佛陀的入灭年代有各种说法，比较普遍的有三种：A. 公元前543年。这是目前南传佛教国家所采用的佛灭度的年代，这些国家以此为依据，曾于1956—1957年举行纪念世尊涅槃2500周年盛大活动。B. 公元前485年。中国学者依据南齐僧伽跋陀罗所译《善见律毗婆沙》师资相传之“众圣点记”，即世尊去世当年，优波离结集律藏，并于当年七月十五日，在书后记下一点。以后每年添加一点，至南齐永明七年(公元489年)共计得975点。由此上推，则佛灭度于公元前485年。C. 公元前480年。这是日本和西方学者根据中国公元前485年之说，参照其他资料考证出来的。其他异说非常之多，详见《佛灭纪年论考》(张曼涛主编《现代佛教学术丛刊㊾》，台北：大乘佛教出版社，1999年)。西文中有贝歇特(Heinz Bechert)主编的三卷本论文集：《历史上佛陀的年代》(*The Dating of the Historical Buddha*, Göttingen: Vandenhoeck & Ruprecht 1991, 1992, 1997)。Cf. *IC*. *Tome* 2, pp. 463-492; *HBI*. pp. 13-15.

[7] 即今尼泊尔塔拉伊(Tarai)之提罗拉寇特(Tilorakot)。

[8] 乔达摩(Gautama)是佛陀成道前的姓，旧译作“瞿昙”。“佛陀”(Buddha)，汉译为“觉者”、“洞悉真理者”，是对释尊成道以后的称呼。释迦牟尼(Śākyamuni)是释迦(Śākya)族出身的圣者(Muni)的意思，是佛弟子对他的尊称。世尊、释迦为其略称。而悉达多(Siddhārtha)则是佛陀成道前的名。一般说来，北传佛教称“世尊”，而南传佛教则普遍用“乔达摩佛”这一名号。其次，上座部所讲的佛，通常是用作对释迦牟尼佛的尊称，而大乘除指释尊

外，还泛指一切觉行圆满者。Cf. *HBI*. pp. 16 - 25.

［9］佛陀在俗时与其正妃耶输陀罗(Yaśodharā)所生之子——罗睺罗(Rāhula)。根据经典上的记载，罗睺罗生于罗睺罗阿修罗王障蚀月时，又因六年处于母胎中，为胎所覆(rāhula)，故名。

［10］*AN*. *I*，p. 146；*Oldenberg*，S. 120.

［11］一般认为29岁出家，但也有19岁出家的说法。

［12］*MN*. *I*，p. 163;《中阿含经》卷五十六(《大正藏》①- 776b)；*MN*. *I*，p. 240；*DN*. *I*，p. 115；*Oldenberg*，S. 123.

［13］*Mahāsīhanādasutta*，*MN*. *I*，p. 79.

［14］*MN*. *I*，p. 166 ff.，p. 240；*Oldenberg*，S. 125；Neumann，*Die Reden Gotamo Buddhos*，*Majjhimanikāyo*，I，S. 271.

［15］*MN*. *I*，p. 242；*Oldenberg*，S. 126.

［16］菩提树(Bodhi-druma)，本名毕钵罗(pippala)树，为常绿乔木，高三米以上，其叶呈心形而末端尖长。花隐于花托中，花囊熟时呈暗橙色，内藏小果。树籽可作念珠。相传世尊于此树下成道，故名菩提树。不过在由巴利语移译而来的英、德译佛典中，常被译成：fig tree，Feigenbaum(无花果树)。

［17］中道(Madhyamāpratipad，majjhimapaṭipadā)，*SN*. *V*，p. 421；*Vin*. *Mahāvagga I*，17 - 18，p. 10；*Udāna II*，1，p. 10.《中阿含经》卷四十三(《大正藏》①- 701b以下)。中道并非中间之道的意思，而是说明其远离执著，内容不堕极端、公平彻见真实的立场。例如否定有、无的两极端——断、常二见即是。

［18］四谛八正道，请参阅前注：*Vin*. *Mahāvagga I*，6。

［19］*Vin*. *Mahāvagga I*，5.

［20］六道亦称"六趣"，乃众生根据生前善恶行为(业力)有六种轮回转生之趋向。即地狱(niraya)、畜牲(tiracchānayoni，傍生)、恶鬼(peta，visaya)、阿修罗(asura)、人(manussa)、天(devaloka)六种。*Kathāvatthu* 8. 1

(*PTS*), p. 360.

[21] 业(karma),古译“羯磨”,原是作业或行为的意思。但今天佛教徒心目中的“业力”,却代表极端复杂的多方面思想。其最根本者可以概括为:“业力者,即控制一切自然界和道德界现象之因果律也。”(张澄基:《佛学今诠》第二章“业力论”,台北:慧炬出版社,1973年,第74页)张澄基从以下六个角度探讨了业力的思想:一、业力是一种力量;二、业力是一种神秘;三、业力意味着命运;四、业力是一种关系;五、业力为道德公正律;六、业力是形成人之气质及品格的一种培养力量。出处同上,第73—131页。

[22] 涅槃(nirvāṇa)本是“吹灭”之意,如同吹灭蜡烛的火一般,指把烦恼的火吹灭的人所达到的境界。到达此境界而获得智慧(bodhi)者被称作佛陀。有时把世尊死亡的瞬间也称作“入涅槃”,由肉体灭亡是完全消除烦恼之火的想法而来。不过通常认为,佛陀在35岁成道时已经达到了涅槃的境界。

[23] 请参考注[18]和[19]。

[24] *Vin. Mahāvagga I*, 6-8, p. 8.

[25] 佛陀所说法,根据其叙述形式与内容可分为十二种类,称作十二部经(dvādaśāṅga-buddha-vacana),又称作十二分教、十二圣教、十二分经:① 修多罗(Sūtra),亦译作契经,或长行,以散文的形式记载佛陀之言教,即一般所说之经。② 祇夜(Geya),译作应颂,即以偈颂的形式再次重复叙述长行散文之内容。③ 伽陀(Gāthā),译作讽颂,全部以偈颂的形式来记载佛陀之教说,如《法句经》。(以上三种是以叙述形式[文体]来划分的)④ 尼陀那(Nidāna),此译因缘,记载佛说法教化之缘起,如诸经之序品。⑤ 伊帝目多(Itivṛttaka),此译本事,系本生谭以外的佛陀与弟子前生之行谊,如《法华经》中药王菩萨本事品属此。⑥ 阇多伽(Jātaka),此译本生,佛自说前生修行之种种因缘。⑦ 阿浮达磨(Adbhuta-dharma),此译希法,又作未曾有法,记载佛陀及诸弟子稀有、奇特且不可思议之事。⑧ 阿波陀那(Avadāna),此译譬喻,以浅近之譬喻宣说深奥法义之经。⑨ 优婆提舍(Upadeśa),此译论义,往返问答佛理

之经文也。⑩ 优陀那(Udāna),此译自说、无问者,佛陀无问而自行开示教说之经文。⑪ 毗佛略(Vaipulya),此译方广,宣说广大深奥教义之经文。⑫ 和伽罗(Vyākaraṇa),此译记别、授记,述说他人于未来世中成佛事实之经文。(以上九种是以内容来划分的)从文体上来讲,佛经为了充分说明其教义,也为了便于记诵,多半采用长行与重颂相兼的方式。

[26] 梵文(Saṃskṛt)是当时印度的雅语,系婆罗门教的语言。而佛陀说法时所用的语言应当是当时流行的方言。因为佛陀一生游历传教多半是在当时的摩揭陀国(Magadha),他所使用的语言很可能是摩揭陀国语。佛典所使用的梵语被美国学者艾泽顿(Franklin Edgerton, 1885—1963)称作"佛教混合梵语"(Buddhist Hybrid Sanskrit),以区别于古典梵语。佛教语言大致可以分为三类:一、标准梵语,如马鸣(Aśvaghosa)的诗作等用的便是这种古典梵语;二、普拉克利塔语(Prākṛt),亦即吠陀梵语经俗语化、方言化之后而形成的一种中期印度语(Middle Indic);三、混合梵语(hybrid Sanskrit),为北传佛教文献所使用的语言。系根据北方印度方言,掺杂梵语、巴利语及其他方言发展而成的佛教僧团的特殊语言。参见《佛教混合梵文语法和词典》(Franklin Edgerton, *Buddhist Hybrid Sanskrit Grammar and Dictionary*; *Grammar I. Introduction*, Yale 1953)、《佛教最早的语言传统》(Heinz Bechert (Hrsg.), *Die Sprache der ältesten buddhistischen Überlieferung*, Symposien zur Buddhismusforschung II, Abhandlungen der Akademie der Wissenschaften zu Göttingen. Philologisch-Historische Klasse. Dritte Folge, Band 117, Symposien zur Buddhismusforschung, Göttingen 1980)。

[27] 僧伽(Saṅgha, Mönchsgemeinschaften)的意思是"集团"、"集合"、"会议",是比丘们共同修行的组织,一般需四人以上。普通称比丘、比丘尼、沙弥、沙弥尼为"出家四众"(四僧伽);广义上也包括在家男女居士,成"七众"(七僧伽)。

[28] 僧伽形成后,随着比丘逐渐增多,就需要制定一定的制度来约束他

们的行为。如果谁触犯了制度，佛陀就有了处罚的依据（随犯随制）。律藏便是以这一因缘而形成的，饮食习惯也改成了过午不食，即早午两餐，不可挑剔，且必须托钵行乞。

［29］见 *Vin. Cullavagga* 6.4，p. 154，有详细叙述。在施舍的精舍（vihāra）、园（ārāma）、林（vana）中，最有名的是给孤独长者（须达长者）布施祇园精舍的故事。

［30］*Vin. Mahāvagga I*，24，5，p. 43.

［31］秃头沙门（muṇḍanā samana）是对沙门的贬称。*MN. I*，p. 334，Cf. *DN. I*，p. 103；*MN. II*，p. 46；*Udāna*，p. 78；*Oldenberg*，S. 191；《中阿含经》卷十二（《大正藏》①- 449b）等。

［32］*SN. III*，p. 138.

［33］吠陀是印度最古老的宗教和历史文献的总汇。印度当时的“六派哲学”（弥曼差派、吠檀多派、数论派、胜论派、正理派以及瑜伽派）都是以承认和拥护吠陀的至高权威而成立的。Cf. *IC. Tome II*，pp. 8－84.

［34］佛陀诞生时，有一部分人不承认吠陀的权威，佛教典籍中记载有六十二种观点（六十二见），其中有名的被称作六师外道。佛陀之所以称之为“六师外道”，是因为其学说尽管反对婆罗门，但并非佛教的正道。其中包括唯物论者、提倡七要素说的思想家、道德否定论者、决定论者、怀疑论者以及相对主义者。“六师外道”学说在汉译佛典中多有记载，如《长阿含·沙门果经》等。

［35］《梵网经》（*Brahma-jāla-sutta*，*DN. I*，pp. 1－46）中记述了这“六十二见”，在耆那教筏驮摩那处则有三百六十三种学说。

［36］诡辩论是为了各自的宗教主张以及愚冥不化的观点，对善不善、他界是否存在等问题不作明确的回答。在六十二种见解中，有四种被称作诡辩论。三百六十三种见解中，则有六十七派怀疑说被作为诡辩论来看待。

［37］*Kūtadanta-sutta*，*DN. I*，p. 104，127，etc. 佛教是不承认吠陀权威的宗教，它与顺世派和耆那教一起，被称作非正统派（nāstika），而吠陀宗教

中的人祭(puruṣa-medha)、马祭(aśva-medha)以及婆罗门教的四种姓制度,是佛陀所极力反对的。*Suttanipāta* 303; *SN. I*, p. 75 ff., Itiv. 27 etc.

[38] 安居(varṣa [vassa], vārṣika),在雨季的三个月内(大约是五至八月),僧尼在寺内坐禅修行,接受供养,以免外出时伤害小虫。这是佛教僧伽一年中的重要活动。在中国,安居期在阴历四月十六日至七月十五日,称"夏安居",而在南亚、东南亚各国称"雨安居"。

[39] *Poṭṭhapāda-sutta*, *DN.、I*, p. 179.

[40] 例如:*Soṇadaṇḍa-sutta*, *DN. I*, p. 114。

[41] 参见注[6]。

[42] *Mahāparinibhānasuttanta*(《大般涅槃经》)*DN. II*, pp. 17－168。相当于汉译佛典中《游行经》(《大正藏》①－11a～30a)、《佛般泥洹经》二卷(《大正藏》①－160b～175c)、《般泥洹经》二卷(《大正藏》①－176a～191a)、《大般涅槃经》三卷(《大正藏》①－191b～207c)部分。

[43] *DN. II*, 106, 119, 120 etc.

[44] *DN. II*, 137,以下之叙述。

[45] *DN. II*, 138.

[46] *DN. II*, 144.

[47] *DN. II*, 154.

[48] *DN. II*, 100.

[49] *DN. II*, 156. Cf.《印度佛教史》(Étienne Lamotte, *Histoire du Bouddhisme Indien*, Louvain 1958);《佛教起源研究》(Govind Chandra Pande, *Studies in the Origins of Buddhism*, Univ. of Allahabad 1957)。

[50] 有关知识就是"解脱之道",参见注[131]。

[51] 婆罗门教正统的禅定方法一般被称作瑜伽(Yoga),通过瑜伽术求取通灵或知觉知识的修习者,被称作瑜伽行者(Yogin 瑜祇)或牟尼(Muni)。佛教中之三昧(samādhi)、禅定(dhyāna, jhāna),即瑜伽法之一。Cf. *SOB.*

pp. 301 - 305.

［52］*DN. II*, p. 87; *MN. I*, p. 22, 23, 117, 248 etc.

［53］*Vin. Mahāvagga I*, 5, 2, p. 4; *MN. I*, p. 167.

［54］有关灵魂之净化，参见“人名索引”中的“柏拉图”。

［55］统摄(das Umgreifende)：这是雅斯贝尔斯于20世纪30年代下半叶在其著作中引进的一个重要哲学概念。雅斯贝尔斯在《哲学的信仰》一书中写道：“一种存在，它既不是主体，也不是客体，相反，在划分主客体时双方都拥有它，我们称之为统摄。虽然它永远不可能成为哲学研究完全合适的对象，我们却谈论着它，并且只是谈论着它。”(K. Jaspers, *Der philosophische Glaube*, München 1955, S. 14)换句话说，统摄既非主体亦非客体，而是分裂前的统一状态。在雅斯贝尔斯的存在哲学中，统摄有时也是存在的另外一种表述方式。

［56］有关“解脱之道”，参见注［107］。

［57］八正道(aṭṭhaṅgika-magga, aṣṭāṅgika-mārga)：一、正见(sammā-diṭṭhi)；二、正思维(sammā-sankappa)；三、正语(sammā-vācā)；四、正业(sammā-kammanta)；五、正命(sammā-ājīva)；六、正精进(sammā-vāyāma)；七、正念(sammā-sati)；八、正定(sammā-samādhi)。*DN. II*, 216; *MN. III*, 71; *Suttanipāta* 1130; *Vin. III*, 93, *IV*, 26; *DN. II*, 353, *III*, 102, 128, 284, 286; *Itiv.* 18 etc. Cf. *SOB.* pp. 387 - 388, 398 - 400.

［58］四法(*DN. II*, p. 122 ff.)：戒、定、慧、解脱为四法。如果再加上“解脱知见”的话，就成了“五分法身”。

［59］三学(tisso sikkhā)：戒(sīla)、定(samādhi)、慧(paññā)被认为是佛教弟子修持的全部内容，为佛教的实践纲领，即由戒生定，由定发慧。故《菩萨地持经》卷十以“六度”配三学，即布施、持戒、忍辱、精进等四波罗蜜为戒学，禅波罗蜜为定学，般若波罗蜜为慧学。*DN. II*, 81, 84, 91, 94, 98 etc.

［60］关于“正常的意识状态”(normaler Bewußtseinszustand)、“知性”

(Verstand)、“传达”(Mitteilen)等几个哲学概念。雅斯贝尔斯并不把存在作为一个独立的个体来加以考察,在存在之中有“交往”(Kommunikation),他尤其注重“传达”这一概念。在“现实存在”(Dosein)中,他考虑到了“从知性到知性”(von Verstand zu Verstand, Ph., S. 339)的交流,甚至认为这是连接统摄之纽带,把它看作一种理性。理性是在对象清晰的思维情况下,同意识一样的统摄,如果用普通语言来表达就是知性。理性也可以作为一种达到整体的情景,是精神的统摄。并且理性在作为某种形式的统摄思维的优越情况下,是澄明了一切的统摄。理性使得处于绝对隔离存在深渊中的对立得到了交流。存在因为理性而变得明晰,理性因存在而获得了内容。(*V u. E*, S. 45 ff.)雅斯贝尔斯认为,真理是一定可以传达的,“是我们人类存在之根源现象,也正因为在意识相互理解方面的共同性,我们才能成为我们这样的人”(*Ibid*. S. 57)。

[61] 瑜伽的修行方法在佛教形成之前便有多种(Śvetāśvatara-upaniṣad, Maitriupaniṣad, etc.),后在《奥义书》提出的六支瑜伽的基础上,形成了瑜伽的八支行法:制戒(yama)、内制(niyama)、坐法(āsana)、调息(prāṇa-yāma)、制感(pratyāhāra)、总持(dhāraṇā)、三昧(samādhi)、静虑(dhyāna)。

[62] bhakti(敬爱、爱信、诚信、敬信)。《薄伽梵歌》(*Bhagavadgitā*)中有信瑜伽(bhakti-yoga),即通过一心念神而使感情净化,并达到解脱的目的,这一瑜伽在后期的印度教中特别盛行。佛教里所讲的“信”有三种:闻信(śraddhā)、净信(prasāda)、解信(adhimukti)。

[63] 处于生死轮回之中的有情众生存在的三种境界(tridhātu,三界)是:欲界(kāma-dhātu),是深受欲望支配和煎熬的众生所依存的场所;色界(rūpa-dhātu),是修持四禅(四静虑)的众生所居的处所,但居住者仍离不开物质(色);无色界(arūpa-dhātu),为无形色众生所居,包括四五色界(天):空无边处(ākāsânañcâyatana)、识无边处(viññāṇânañcâyatana)、无所有处(ākiñcaññâyatana)和非想非非想处(nevasaññānāsaññâyatana)。

[64] 海勒：《佛教禅定——宗教史上的考察》(Friedrich Heiler, *Die buddhistische Versenkung. Eine religionsgeschichtliche Untersuchung*. München 1922² [1918¹])。

[65] 贝克：《佛教Ⅱ》(Hermann Beckh, *Buddhismus. II*, S. 11)；海勒：《佛教禅定》(Heiler, *Die buddhistische Versenkung*. S. 7, 51 ff., 61 ff. 66)；参阅舍尔巴茨基：《佛教涅槃的观念》(Th. Stcherbatsky, *The Conception of Buddhist Nirvāṇa*, Leningrad, 1927, "Buddhism and Yoga")。

[66] 有关"觉醒"(wachsame Besonnenheit)、"光亮"(Helligkeit)、"清晰之认识"(helle Erkenntnis)、"当下"(Gegenwärtigkeit)。雅斯贝尔斯认为，超越者是以暗号(Chiffre)来解读的。关于暗号的解读，他认为一切都是"透明的"、"清晰的"，因为"眼睛原本是明亮的"(Das Auge wurde klar. *Ph.*, S. 878)。他又说："在现实的透视当中，作为最纯粹的眼最讨厌被一种特殊的东西束缚住，被一定的氛围笼罩着。为了拥有这样一种纯粹的眼，人们不断地去思索，以便进入尽可能宽阔的领域之中。"(*V u. E*, S. 34)

[67] 五戒(pañca-sīla)是出家、在家佛教徒应共同遵守的五项戒律，包括：不杀生、不偷盗、不邪淫、不妄语、不饮酒。其中杀、盗、淫、妄语在比丘为"四波罗夷"(波罗夷[pārājika]，不共法)，意为根本罪，犯者将被驱逐出僧团。

[68] 四无量心(Caturapramāṇa-citta)，亦称四梵住、四梵堂，四佛菩萨为普度无量众生而应当具备的四种精神，亦作四种禅名：慈(mettā)、悲(karuṇā)、喜(muditā)、舍(upekhā)。

[69] "无量心"(appamāṇa-citta, apramāṇa-citta)，即"无法衡量的心"。

[70] 参见注[58]。Cf. *DN. II*, p. 122 ff.; *Kevaddhasutta*, *DN. I*, p. 211 ff.; *AN. I*, p. 170 ff.

[71] 参见注[60]。

[72] 有关"痕迹"(Abglanz)这一概念，参见注[5]。

[73] "现实存在的澄明"(Daseinserhellung)这一名词在本书目录中出现

过，但文中并没有使用，在文中雅斯贝尔斯以“现实存在的视野”（Daseinssicht）代替之。最能代表雅斯贝尔斯哲学的著作《哲学》的三部分名称分别为：一、哲学的世界定位（Philosophische Weltorientierung）；二、实存的澄明（Existenzerhellung）；三、形而上学（Metaphysik）。而其中“实存的澄明”是雅斯贝尔斯所认为的唯一可以说明存在的方法，它“并非是去认识存在，而是诉诸存在的可能性”。（*V u. E*，S. 52－53）

［74］雅斯贝尔斯在原著中漏掉了“死苦”。

［75］*Vin. Mahāvagga I*，6，19（p. 10）. 生、老、病、死是人生四苦，再加上爱别离、怨憎会、求不得、五阴盛四苦，构成所谓的八苦。

［76］*Ibid. I*. 6. 20，p. 10. 渴爱（taṇhā，tṛṣṇā）：凡夫爱著于五欲，如渴而爱水也，表示其欲望之强烈。种种渴爱可分为三类：一、欲爱（kāma-taṇhā），对性欲、情欲之执著；二、有爱（bhava-taṇhā），对生存之执著；三、无有爱（vibhava-taṇhā），对生存否定之欲望。

［77］*Ibid. I*，6. 21，p. 10.

［78］*Ibid. I*，6. 21，p. 10. 以上所引用的四节在于说明苦、集、灭、道四谛。*Mahāvagga. I*，6；*Dhammacakka-ppavattana-sutta*，*SN. V*，p. 420；《杂阿含经》卷十五（《大正藏》②－103c）。此外见：SN. V，pp. 449，451，455；《转法轮经》（《大正藏》②－503bc）、《三转法轮经》（《大正藏》②－504ab）、《四分律》卷三十二（《大正藏》㉒－788a）、《五分律》卷十五（大正藏㉒－104bc）等。

［79］*Vin. Mahāvagga*，*I*. 21，p. 34.

［80］“以知识（明）消除无知（无明）”（Die Aufhebung des Nichtwissens im Wissen），在雅斯贝尔斯的哲学中，知识（Wissen）和无知（Nichtwissen）是两个相对的概念。依据雅斯贝尔斯的观点，当世界定位之对象性知识达到临界境况时，便会出现无知，其根源在于转折点（Wendepunkt）。（*Ph.*，S. 518 ff.）

［81］ *Ibid.*, p. 1. 佛典中叙述“十二因缘”的地方不胜枚举。例如：SN. II. Nidānavagga。而汉译佛典中有：《杂阿含经》卷十二至十五（《大正藏》②-79a～103a）。

［82］ 轮回（saṃsāra）谓众生如车轮回旋不停，在三界六道的生死世界循环不已。“轮回”本是婆罗门教的主要教义之一，认为四大种姓以及“贱民”在轮回中是永袭不可改变的，而佛教却将它加以发展，注入了自身的教义，主张在业力面前众生平等。

［83］ 十二因缘的次序可以从顺向和逆向两个方面加以观察：如果从原因往结果方面顺推，无明是众生一系列流程的起因（顺观）；如果从结果往原因方面逆推，无明也被归结为造成生死的始因（逆观）。

［84］ 缘起法颂（Ye dhammā hetuppadhavā tesaṃ hetuṃ tathāgato āha, tesañ ca yo nirodho evaṃvādī mahāsamaṇo）。诸经典所译不同，《初分说经》卷下译为：“若法因缘生，法亦因缘灭；是生灭因缘，佛大沙门说。”（《大正藏》⑭-768b）《有部毗奈耶出家事》卷二译为：“诸法从缘起，如来说此因；彼法因缘尽，是大沙门说。”（《大正藏》㉓-1027c）《大智度论》卷十一译为：“诸法因缘生，是法说因缘；是法因缘尽，大师如是说。”（《大正藏》㉕-136c）另据巴利语《律藏·大品》（*Mahāvagga I*, 23. 5, p. 40）、《四分律》卷三十三等，此颂系阿湿卑（Assaji）为舍利弗（Śāriputra）说佛陀教说之概略，舍利弗闻此而得预流果，与目犍连（Maudgalyāyana）以及其他二百五十人同归佛陀门下。又，此法颂安置于塔基、塔内或佛像内，则称为法身舍利偈或法身偈。现存梵本或藏译佛典之末多载有此颂，亦常刻于佛像之台座、光背处。

［85］ 所谓“此有故彼有，此起故彼起”《杂阿含经》卷十二（《大正藏》②-86a）。

［86］ 在这里“无明”、“堕罪”和“原罪”是相对应的，“原罪”在佛教中也可能是“无明”。不过，在佛教中寻求基督教的“原罪”意义并不大，雅斯贝尔斯也深谙此点。

［87］ 无我（anātman, nirātman）。

［88］这一段是讲“五蕴”的，即色、受、想、行、识。雅斯贝尔斯将色、受、想作为五根之认识对象来看待。其实跟眼（视觉）、耳（听觉）、鼻（嗅觉）、舌（味觉）、身（触觉）五根相对应的五境是：色、声、香、味、触。

［89］佛陀并没有否定自我，某种思维也不可能达到“本来的自我”，这么说并不过分。真实自我这一问题远远没有解决，但这却显示了其存在的方向。我们不能了解到真实自我是怎么一回事，但它跟涅槃必定是一致的，这是雅斯贝尔斯见解中很有意思的一点。雅斯贝尔斯将“自我存在”（Ichsein）分成三个部分：一、经验之现实存在（empirisches Dasein）；二、一般意识（Bewußtsein überhaupt）；三、可能之实存（mögliche Existenz）。在这三部分中，依靠作为可能实存的自我存在，使哲学思维达到原本之存在（das eigentliche Sein）。（*Ph.*，S. 11 ff.）

［90］*Mahāvagga I*，6. 38；*Cūlasaccakasutta*，*MN*，35；*DN. II*，67. 色、受、想、行、识五蕴皆空、无我。

［91］*DN. I*，p. 195.

［92］本生故事（Jātaka）都是以这种方式为结尾的。

［93］刹那相续（kṣaṇa-santana），谓万法刹那生、刹那灭，转转相续。前一刹那的无间之中，生出后一刹那，而此后一刹那接续前一刹那。刹那相续是五种相续（Saṃtati）之一，据《大毗婆沙论》卷六十，五种相续为：中有相续、生有相续、时分相续、法性相续、刹那相续。

［94］“诸行无常，诸法无我，涅槃寂静”，这是原始佛教极有名的三法印说。《杂阿含经》卷十：“一切行无常，一切法无我，涅槃寂灭。”（《大正藏》②-66b）《增一阿含经》卷十八：“今有四法本末，我躬自知之，而作证于四部之众，天上人中。云何为四？一者一切诸行皆悉无常，我今知之，于四部之中天上人中而作证。二者一切诸行苦。三者一切诸行无我。四者涅槃休息。我今知之，于四部之中与天上人中而作证。是谓比丘四法之本，是故于天上人中而独得尊。”（《大正藏》②-639a，此处“本末”系“法印”之异译）在对待“诸法无

我”这一命题上，小乘和大乘的认识有所不同：小乘佛教认为，人类最容易把自我执著视作实有，所以特别强调人无我。而大乘学者却认为，人以外的一切也跟人一样，都是各种因素假合而成，也都没有独立自存的实体，从而也强调法无我。也就是说，大乘在破除人我执的同时，也特别重视破除法我执，因此也就将诸法无我推广至一切方面。

［95］ *Sāmaññaphalasutta*, *DN. I*, p. 84.

［96］ *Ibid*.

［97］ 参见注［22］；Cf. *HBI*. p. 675 ff.

［98］ 四无色定：参见注［63］。

［99］ *Udāna VIII*. 1, p. 80, *I*. 10, p. 7 ff.

［100］ *Udāna VIII*. 1, 4, pp. 80－81; *I*. 10, pp. 7－9.

［101］ 参见注［99］和［100］。

［102］ *Oldenberg*, S. 302 ff.

［103］“毫无疑问，涅槃这一概念是从梵的观念中产生出来的。”（*Oldenberg*, S. 326 ff.）这一概念用我们的语言是不能规定和把握的，因此最终只能用否定的方式加以表达。

［104］ 雅斯贝尔斯区分了 Forschung（探究）和 Gewißheit（确信）。前者是寻求客观的认识，是在各种科学中进行的（*Ph*., S. 25），而后者却是面对超验者的存在而言，从中可以看出其自身本来的存在（*Ibid*., S. 725）。

［105］ *Udāna VIII*. 3. pp. 80－81; *Itiv*. 43. p. 37.

［106］ *MN. I*, p. 304.《中阿含经》卷九（《大正藏》①－790a）、*SN. III*, p. 189; *V*, p. 218.

［107］“解脱之道”的德文原文为 Heilspfad，指的是四谛八正道。苦、集、灭、道与诊断病症的原因、症候以及确定治疗方法大致相当。（Jullius Jolly, *Medicin*, S. 14－16, Strassburg 1901.）该书认为，因缘（nidāna）与病理（Pathologie）相当。（Oldenberg, S. 235. Anm. 3.）《杂阿含经》卷十五“有四法

成就，名曰大医王者，所应王之具王之分。何等为四：一者善知病；二者善知病源；三者善知病对治；四者善知治病”（《大正藏》②- 105a）。Cf. IC. *Tome II*, p. 162; Liacre-De Saint-Firmin, *Médecine et Légendes Bouddhiques de l'Inde*, Paris 1916.

［108］外道十四难（十四无计），佛陀舍置而不答。据《大智度论》卷二，此十四难分别为：“世界及我常？世界及我无常？世界及我亦有常亦无常？世界及我亦非有常亦非无常？世界及我有边？无边？亦有边亦无边？亦非有边亦非无边？死后有神去后世？无神去后世？亦有神去亦无神去？死后亦非有神去亦非无神去后世？是身是神？身异神异？”（《大正藏》㉕- 74c）对于这类问题，佛陀一概置而不答。归纳原因，凡有三种：一、此等之事，皆为虚妄无实之事；二、诸法既非“有常”，亦非“断灭”；三、此十四无记，乃斗诤法，无益之戏论，对修行无有用处。故不予置答。Cf. *Cūḷa-Māluṅkya-suttanta*, *MN. I*, pp. 426 - 432.

［109］*Oldenberg*, S. 315 ff. 汉译《中阿含经》卷六十《箭喻经》：“犹如有人身被毒箭，因毒箭故受极重苦。彼见亲族，怜念愍伤，为求利义，饶益安稳，便求箭医。然彼人者，方作是念：未可拔箭，我应先知彼人如是姓，如是名，如是生，为长短粗细，为黑白不黑不白，为刹利族、梵志、居士、工师族，为东方、南方、西方、北方耶？未可拔箭，我应先知彼弓为柘，为桑，为槻，为角耶？未可拔箭，我应先知弓扎，彼为牛筋，为獐鹿筋，为是丝耶？未可拔箭，我应先知弓色为黑，为白，为赤，为黄耶？未可拔箭，我应先知箭簳为木，为竹耶？未可拔箭，我应先知箭缠为是牛筋，为獐鹿筋，为是丝耶？未可拔箭，我应先知箭羽为飘鹠毛，为雕鹫毛，为鹍鸡毛，为鹤毛耶？未可拔箭，我应先知箭镝为錍，为矛，为铍刀也？未可拔箭，我应先知作箭镝师如是师，如是名，如是生。为长短粗细，为黑白不黑白，为东方、西方、南方、北方耶？彼人竟不得知，于其中间而命终也。若有愚痴人作如是念，若世尊不为我一向说世有常者，我不从世尊学梵行，彼愚痴人竟不得知。与其中间而命终也。”（《大正藏》①-

804c～805a)

［110］“沉默”(Schweigen)。雅斯贝尔斯关于沉默的论述，是跟他的哲学中一个重要的概念“交往”紧密相连的。所以这里所谓的“沉默”，不是一般意义上的沉默。沉默不仅仅是消极的，在积极意义上也可以保持沉默。“沉默在变为交往的作用时，它拥有独自的活动。能够保持沉默，也就是说自我存在随时可以进行交往。”(*Ph.*, S. 359)

［111］佛陀时代的代表人物是被称作六师外道的这些人。其中耆那教创始人筏驮摩那的主张与初期佛教思想十分相似。其基本教义是业报轮回、灵魂解脱、非暴力以及苦行主义等。反对吠陀权威和祭祀，守五戒(不杀生、不欺诳、不偷盗、不奸淫、不蓄私财)，持三宝(正智、正信、正行)。此外，佛陀在年轻时求道，曾访问过阿罗逻迦蓝(Ārāda-kālāma)与优陀罗罗摩子(Udraka-rāmaputra)两位仙人，看他们如何修禅，佛陀也亲自实践过。这是正统婆罗门为他们自己设置的修行阶段。

［112］*Sn. Nālaka-sutta*, pp. 131－133.

［113］*Vin. Mahāvagga* 1. 2. 4, p. 3; *Oldenberg*, S. 138.

［114］无我(anattā, anātman)。

［115］*Udāna VIII*. 1, p. 80, *I*. 10, p. 7 ff.；另见注［136］。

［116］大卫夫人在对《长老偈》(Thera-gāthā)中所出现的259人的种姓进行统计之后，得出了下面一组数字：

婆罗门	刹帝利	吠舍	首陀罗	其他
113	60	69	11	6

出自：Mrs. Rhys Davids, *Psalms of the Brethren*, XXVIII, PTS. 1913。

历史上印度有名的佛教徒大都是商人出身，没有农民出身的，这应当是佛教传播的弱势。现在在印度仍很有势力的耆那教，其中心人物也是商人。

可以说，佛教的思想性（特别是平等思想）的发展是不平衡的。现在印度开展的佛教复兴运动，是跟种姓废除有直接关系的，从而也使奴隶阶层同佛教发生关联，这是极其引人注目的。这场运动的中心是摩诃菩提会（Mahā Bodhi Society）以及其他组织。

［117］《大本经》(*Mahāpadāna-suttanta*)中的过去六佛全都是婆罗门种姓(gotta, gotra)以及王侯贵族(khattiya, kṣatriya)，而佛陀本人也是贵族刹帝利出身。*Oldenberg*, S. 376. *DN. II*, p. 2ff.

［118］Vin. Cullavagga 5. 33 (p. 139).《五分律》“随国音读诵”(《大正藏》㉒-174b)、《四分律》“随国俗言音所解，诵习佛经”(《大正藏》㉒-955a)、《毗尼母经》(《大正藏》㉔-822a)。F. Edgerton, *Buddhist Sanskrit Grammar*, p. 1 ff., New Haven, 1953; *HBI*. p. 25 ff.; Cf. *HBI*. pp. 607-657; *SOB*. pp. 573-574.

［119］Sattva，译为众生或有情，是对人和一切有情识生物的通称。反之，草木、山河、土石等无情识的东西被称作非有情或无情。有情众生中包括：二足类(人类)、四足类(兽类)以及有翼类(鸟)。佛教的佛性论也从“一切众生悉有佛性”发展到后来禅宗的“草木国土皆悉成佛”这一著名主张。

［120］佛陀的说法是对机说法，以种种方便法门，让众生悉皆成佛。参见：Michael Pye, *Skiful Means. A Concept in Mahayana Buddhism*. London: Duckworth, 1978。

［121］例如：*DN. I*, 202, 210, 234, 252。

［122］种姓制度(Caste)包括四个等级：A. 婆罗门(brāhmaṇa)，祭祀；B. 刹帝利(kṣatriya)，王族、武士阶级；C. 吠舍、毗舍(vaiśya)，庶民；D. 首陀罗(śūdra)，隶民。四种姓中，婆罗门是最受尊崇、最高尚者，而隶民(被征服的奴隶阶级)是最卑下的。西文中惯用的 Caste 一词是从拉丁语 Castus(纯血)与葡萄牙语 Casta(家系、血统)等演变而来的，与吠陀中的 varṇa 一语相当。Varṇa 是“色”的意思，雅利安人是以皮肤的颜色来将其自身同原印度的土著

达罗毗荼人区别开来的：前者自称 arya-varṇa，即白种雅利安人，arya 意为虔诚之人、高贵之人；黑种原著民则被称作 dāsa-varṇa，dāsa 为蛮族、奴隶。雅利安人进入北印度以后，达罗毗荼人被征服、同化，受到歧视和压迫，并逐渐成为种姓中最低的奴隶阶级。各种姓在社会地位、权利、义务和生活方式等方面，在法典（dharma-śāstra）中都有不同的规定。Cf. Émile Senart，*Les castes dans l'Inde*. 1927；IC. Tome I. pp. 374－376.

种姓制度在“原人赞歌”（Puruṣa-sūkta）中已有说明（10，90）：婆罗门从原人口中生出，刹帝利从臂中生出，吠舍从腿中生出，首陀罗从脚生出。后期佛陀传中说摩耶夫人是从右肋生出佛陀，这明显是受种姓传说的影响。

［123］印度佛教史上灭佛、迫害佛教的国王有弗沙蜜多罗王（Puṣyamitra，公元前 185 年左右即位），据《杂阿含经》卷二十五载：此王欲使其名传于后世，下令破坏阿育王所造之佛塔，杀害众僧，诋毁佛法。此外，米希拉克拉王（Mihirakula，502—542 年）也以毁坏佛法著称。保护佛教的国王有戒日王（Harṣa，Śilāditya，606—647 年在位），之后，印度呈分裂状态，佛教也逐渐衰落。

［124］历史上中国有著名的“三武一宗灭佛”事件：A. 北魏太武帝灭佛（444—446）；B. 北周武帝灭佛（574—577）；C. 唐武宗灭佛（842—845）；D. 后周世宗灭佛（955），这些时候大都以儒家或老庄思想代替佛教。日本在明治维新的时候，也曾强行使神佛分离，毁坏寺院堂塔，迫使僧尼还俗。当时极力鼓吹朱子学说，认为唯国学能利益维新运动。

［125］佛陀灭度后，佛教内部由于对戒律和教义的看法不同，开始分裂。最初分裂为大众部和上座部，被称作根本二部。以后又从两个根本部中分裂为十八或二十部。这在公元 100 年前后已经完成。部派佛教后来向大乘发展，从大众部向中观派发展，进而向瑜伽行派发展。到了公元 2、3 世纪，龙树的出现，为大乘佛教之宗教和社会实践开辟了新的道路。而比龙树稍晚的觉音（或称佛音，Buddhaghosa）在 5 世纪时也对上座部教义作了比较系统的阐述，从而确立了上座部佛教的地位。这几个世纪是大小乘佛教并行的一段时

间，5 世纪时中国著名僧人法显（？ 一约 422）在《佛国记》中就记载过当时印度大小乘兼修的寺院的情况。

［126］大的（mahā）乘物、笼（yāna）合起来称作“大乘”（mahāyāna），而贬称原始佛教和部派佛教为“小乘”（hīnayāna），学术界沿用这一名称至今，并无褒贬的含义在内。不过南传佛教的国家自称“上座部佛教”（Theravāda Buddhism），而不接受“小乘”的名称。

［127］19 世纪末，在印度沉寂了约 700 年的佛教出现了复兴运动。1891 年锡兰的达摩波罗（亦即“法护尊者”，Anagārika Dharmapāla）在印度首创“摩诃菩提会”，其目的是在印度和世界各地复兴佛教。在印度和其他国家设有许多研究机构，致力于佛教圣迹的保护、佛教刊物的发行等事业。Cf. P. V. Bapat，2500 *Years of Buddhism*. Delhi 1959，pp. 466 - 473.

［128］阿罗汉是 arhan 的音译，是 arhat 的男性、主格、单数形式。意译为：应供，为应受天人之供养。阿罗汉是小乘佛教修行的最高果位，已经达到了涅槃圣境，不再生死轮回。

［129］大乘佛教强调“佛性”、“如来藏”思想。《大般涅槃经》等大乘经典提出一切众生悉有佛性的观点，认为众生皆可成佛。这一思想发展到后来的禅宗，产生出“一切众生悉有佛性，草木国土悉皆成佛”的著名主张。

［130］佛（Buddha）、法（Dharma）、僧（Saṅgha）谓之“三宝”（triratna）。佛指的是觉悟人生真相并能教导他人的佛教导师，或泛指诸佛。法为根据佛陀所悟而向人宣说的教法。僧指修学教法之佛弟子集团。不论是南传佛教还是北传佛教，三皈依都是最重要的，是成为佛教徒所必经的仪式。三皈依：A. 皈依佛，皈依佛宝以为师者；B. 皈依法，皈依法宝以为药者；C. 皈依僧，皈依僧宝以为友者。不过，在佛陀成道不久，尚未有僧宝时，则仅授佛、法二皈戒。

［131］*Kūṭadantasutta*（*DN*. *I*，pp. 127 - 149）. 在欧洲人的思维中，探讨如何将知识和信仰的二元统一起来，一定会联想到哲学和宗教的问题。在

佛教中，我们说知和信透过智慧（prajñā，paññā，般若）使之不再是二元的了。因此，可以说智慧带来了解脱，甚至说智慧本身就是解脱。斯宾诺莎也有类似的思想，他将认识分为三类：第一类的认识是通过感官和记号得来的，称作意见（opinio）或表象（imaginatio）；第二类的认识是通过推理而获得的，即把事物特征的共同性，用适当的观念加以确定，称作理性（ratio）；第三类的认识是从神的若干属性之形象本质的适当观念之中，去认识事物的本质，称作直观知识（scientia intuitiva）（*Ethia*，*II Prop.*，40，Schol. 2）。斯宾诺莎认为，第一类认识是错误的原因，第二、第三类认识则必然是真的。特别是第三类认识，在他看来是以神的观念为直接原因的，因而可以使人的心灵得到最高的满足（animi acquiescentia），使人达到最理想的境界。斯宾诺莎认为，正是通过第三类认识（神的知爱），才能得到解脱。

［132］ Khīna jāti vusitaṃ brahmacariyaṃ kataṃ karaṇīyaṃ nāparam itthattāyā ti pajānāmīti.（*SN*. *II*，pp. 51，52，53，82，95，97，125，etc.）这一段话在佛典中多次出现，但在不同的经文中略有出入。汉译中常见的有：“我生已尽，梵行已立，所作已作，自知不受后有”（如《杂阿含经》，见《大正藏》②- 1a），或“我生已尽，梵行已立，所作已办，不受后有”（如《大集法门经》，见《大正藏》⑫- 230c）。

［133］ ti pajānāmīti.

［134］ Vaya-dhammā saṅkhārā，appamādena saṃpādethā. “一切诸行，皆悉无常，勤行精进，切勿放逸。”*DN*. *II*，p. 156.

［135］ 在印度神话中，诸天神自然处于权威地位，而佛教的诞生，使诸神的地位改变了。特别是后来的大乘佛教彻底否定了神的权威，认为人一旦成佛，便与神平等，甚至神也要来皈依人了。

［136］“哲学的信仰”（der philosophische Glaube）与“对佛陀的信仰”（Glaube an Buddha）。雅斯贝尔斯在他的著作《哲学的信仰》中，曾以这个问题为主题进行过深入的讨论。在书中，雅斯贝尔斯举出三条信仰的内容，其

中第一条是神的真实存在。他所谓的神并非斯宾诺莎式的与大自然合为一体的上帝，而是在宇宙之外，是我自身和宇宙之根基，亦即神是超验的世界。在说明了他自己的信仰之后，雅斯贝尔斯又为我们描述了信仰的反面——无信仰。(*V u. E*, S. 113 f.)无信仰的三种形态是：向魔力投降，人的神话以及虚无主义。接下来的问题是如何达到“哲学的信仰”。雅斯贝尔斯认为，真正使人产生信仰的是我们的自由：一个人意识到自己为自由的时候，他也就得到了对神的真实存在之确信。其理由是：作为自由的存在，当我真正成为我自己时，我知道并不是仅靠我自己而成为自由的。当我不受世界的任何影响而完全自由时，我知道自己深深地与超验的世界连接在了一起。“人的自由存在，我们称之为存在。我以断然的方式存在的时候，神对于我来说也就确定无疑了。”(*Einführung*, S. 43 - 44)然而，雅斯贝尔斯反对任何启示宗教，包括印度教、犹太教、伊斯兰教和基督教。他认为神在任何地区都会通过历史事件与人谈话，启示宗教则对一时一地之历史事件赋予普遍的意义。依据雅斯贝尔斯的观点，我们可以比较清楚地认识到，将佛陀神化的信仰并非哲学信仰，而是无信仰的一种。参见：J. P. Sartre, *Existentialisme est un humanisme*. 1952, p. 17。

[137] 佛陀向阿难传授了这些话：“汝等或作如是想，以此教言失却教师，吾辈导师已不复在。阿难，不应作如是观。吾所言说，经教(dhamma)、律教(vinaya)，当吾灭后，将永为汝等之师。”*DN. II*, p. 154.

[138] 代表释迦牟尼的十大名号为：(1) 应供(arahan)；(2) 正遍知(sammāsambuddha 正等觉)；(3) 明行足(vjja-caraṇa-sampanna)，即具有能知过去世的“宿命明”，能知未来世的“天眼明”和断尽烦恼、得到解脱的“漏尽明”；(4) 善逝(sugata)，又曰好去，以一切智为大车，行八正道而入涅槃；(5) 世间解(loka-vidū)，能了解世间的一切，从世间获得彻底解脱；(6) 无上世(anuttara)，世间最尊贵者，至高无上；(7) 调御丈夫(purīsadhamma-sārathī)，善于说教并引导世间修行者(“丈夫”)；(8) 天人师(sattā-devamanussānaṃ)，

天和人的导师；(9) 佛(buddha)，获得正觉的人；(10) 世尊(bhagavan)，因为佛具万德，为世所尊重，又因佛具有以上九个名号，故曰世尊。而如来(tathāgata)、胜者(jīva)以及大雄(mahāvīra)是以上之总名。除十号外，佛陀的名号尚有：一切智者、一切见者、知道者、闻道者、说道者，或世雄(断世间一切烦恼之雄猛、雄健者)、世眼(世间之引导者)、世英(世间之优秀者)、天尊、佛天(五天中之最胜第一义天)，或觉王(觉皇)、法王、大导师、大圣人、大沙门、大仙(仙人中之最尊者)、大医王(如应病与药之名医，应心病而说法者)、佛目(比喻佛为太阳之语)、两足尊(二足尊、两足仙、二足仙，为二足生类中之最尊贵者之意。又二足具足愿与行，或福与慧者之意)、天中天(诸天中之最胜者)、人中牛王(比喻佛为牛王之语)、人雄师子(人中之雄者，恰如兽类中之狮子)等异名，不胜列举。参见：《十号经》(《大正藏》⑰-719c)、《佛一百八名赞》(《大正藏》㉜-757c)。Cf. *IC. Tome I*, pp. 334-335.

[139] 佛灭后，以摩揭陀国的阿阇王(Ajātaśatru)为首的八大国王，要求分配佛陀的舍利。但拘尸那揭罗城的人们予以拒绝，故而发生争执。后来贤者豆摩(Droṇa)从中斡旋，终于化干戈为玉帛，将舍利分给八大国。此外又有人得到装遗骸的瓮瓦及毗荼之灰，分别奉安于各国，故世界上有佛陀十大塔(stūpa)之建立(这也是建塔之嚆矢)。(《长阿含经》卷二《游行经》[《大正藏》①-11a～16c])最有名的佛舍利塔是在今印度比哈尔邦伽耶城南的菩提伽耶(Buddhagayā, Bodhgayā)的大菩提寺。Cf. *IC. Tome II*, pp. 317-318.

[140] 皮舍尔(Richard Pischel)在《佛陀生平与教义》中写道："北方佛教的观世音菩萨变化成婆罗门教的毗纽笯之多种形态……虽然没有确切地说明是什么时候被崇拜的，但根据一部公元3世纪已经被译成中文的佛典，可以断定是在这个时间以前。"雅斯贝尔斯在这里称"公元前3世纪"显然是误植。

观世音(Avalokiteśvara)菩萨之信仰始自印度、西域，后传至中国、日本等地，故有关观世音的记载甚多。自吴支谦(223—253年致力于佛典翻译)《阿弥陀三耶三佛萨楼佛檀过度人道经》二卷(《大正藏》⑫)、西晋竺法护《正法华经》十卷(286年译出,《大正藏》⑨)译出后,中国也开始大兴观世音之信仰。日本学者松本文三郎指出:"在大乘经典中,菩萨之名虽常出现,但叙述菩萨的功德,鼓吹信仰的,主要是今人编入《法华经》的《观音普门品》。因此自观音普门品出现后,观音的此在信仰颇为盛行。但若观音是基于民间信仰而由佛教徒采入佛教中,则可说普门品制作前,民间已有其信仰。龙树的《智度论》中引用了大体和《法华经》相同的文章。若从此看,龙树以前已有观音的信仰,乃为无可置疑的事实。虽然关于龙树的出世年代,有诸种异说,不能确定,但大体上在公元二百年左右,不会大错。若果如此,在印度的观音信仰,无疑的,最迟离西历纪元不远的时代已存在。"(松本文三郎著,许洋主译《观音的语义及古印度与中国对他的信仰》,载《菩提树》第317期[1979年第4期],第25—29页,此处见第25页)有关观音的研究,参见:Yü Chün-fang, *Kuan-yin: The Chinese Transformation of Avalokiteśvara*, New York: Columbia University Press, 2001。

[141] 毗纽天(Viṣṇu),其特性为"权化或垂迹"(avatāra),以救度众生为目的,以其超自然之神力,能变现十种形态,即所谓毗纽笯十大权化:A. 鱼(Matsya);B. 龟(Kūrma);C. 野猪(Varāha);D. 人师子(Nṛsiṃha);E. 倭人(Vāmana);F. 持斧罗摩(Paraśurāma);G. 罗摩(Rāma);H. 黑天(Kṛṣṇa 吉栗瑟拏);I. 佛陀(Buddha);J. 卡尔基(Kalki)。

[142] 禅定佛(dhyāni-buddha):印度后期密教金刚乘(Vajrayāna)所崇奉之本尊、佛、菩萨、鬼神等,其名称与形象各异,而诸佛之本师为本初佛(Ādi-buddha)。本初佛又生五佛,称禅定佛(Dhyāni-buddha),中央为毗卢遮那佛,东方阿閦佛,南方宝生佛,西方阿弥陀佛,北方不空成就佛,与真言宗之五智如来相当。五佛各化身现世:毗卢遮那佛化现拘楼孙佛、普贤菩萨,阿閦佛化现迦叶,宝生佛化现拘那含牟尼佛、金刚手菩萨,阿弥陀佛化现释迦牟尼佛、观音菩萨,北方不空成就佛化现弥勒佛。藏传佛教等采用此说。

［143］阿弥陀佛（Amita-buddha）是“无量佛”的意思，也称作无量光佛（Amitābha-buddha）、无量寿佛（Amitāyur-buddha），为西方极乐世界之教主。据梵本《阿弥陀经》及《称赞净土佛摄受经》载，此佛寿命无数、妙光无边，故名。阿弥陀佛成道之本缘，据《无量寿经》卷上载，过去久远劫时，自在王佛住世，有一国王发无量上道心，舍王位出家，名为法藏（Dharmākara）比丘。与世自在王处修行，熟知诸佛之净土，历经五劫之思虑，而发殊胜之四十八愿。此后不断积聚功德，而距今十劫之前，愿行圆满，成阿弥陀佛。在离此十万亿佛土之西方，报得极乐净土。迄今仍在彼土说法，即净土门之教主，能接引念佛人往生西方净土，故又称接引佛。阿弥陀三尊像通常以观世音菩萨及大势至菩萨为胁侍，而与此二尊并称为西方三圣。于现存大乘经论中，记载弥陀及其极乐净土之事者，凡二百余部，可见有关弥陀信仰和净土教义之深入人心。此外，于密教中，以阿弥陀佛象征大日如来法身之妙观察智，成为甘露王。于金刚界曼荼罗中，称为受用智慧身阿弥陀如来，居于西方月轮之中央；于胎藏界曼荼罗中，称为无量寿如来，居于中台八叶之西方。

［144］佛与菩萨为了教化众生而具有神通力（通过禅定修行而获得的超人类、超自然的力量），从而呈现出各种各样的形态（相），名之曰“化身”、“权化”（方便手段之非真是的化现）。

［145］根据佛典，这个世界以外存在的世界主要有：阿弥陀佛的西方极乐世界、阿閦佛的东方妙喜世界、释迦佛的西方无胜世界、药师佛的东方净琉璃世界。菩萨发宏愿，经过长久修行，在成佛时成就国土，希望众生都在此出生。与此相对的是《维摩诘经》中所说的，只要心净，世界也清净（心净土净），如果获得了开悟，世界也会成为净土（娑婆即寂光土）。《法华经》之灵山净土、《华严经》之莲花藏世界、《大乘密严经》之密严净土，均有类似的说法。

［146］雅斯贝尔斯比较了佛教与西方思想的不同，在西方人的思维中，不论在什么情况下，对世界总是有着一种执著的追求；而在佛教思想中，却是要超越世界，超越不可能靠近、不可能传达的一切。

［147］ *Oldenberg*, S. 315 ff. Stcherbatsky, *The Conception of Buddhist Nirvāna*, p. 21 ff.

［148］ 菩萨(bodhisattva)全译作：菩提萨埵。《翻译名义集》引法藏释："菩提，此谓之觉，萨埵此曰众生。以智上求菩提，用悲下救众生。"为修持大乘六度，求无上菩提(觉悟)，利益众生，于未来成就佛果的修行者，或曰自利利他，二行圆满，勇猛求菩提者，故又译曰：觉有情、道众生、道心众生。前佛寂灭后，成佛而补其处(补处)，即嗣前佛而成佛之菩萨也，隔一生而成佛，则谓之一生补处。

［149］ 精进(vīrya)：作为"六度"之一，名"精进波罗多"(vīryapāramitā)，指修善断恶，在去染转净的修行过程中不懈怠地努力。

［150］ 悲(karuṇā)，一般称作慈悲(maitreya-karuṇā)：佛、菩萨爱护众生，给予欢乐叫"慈"(与乐)；怜悯众生，拔除苦难叫"悲"(拔苦)。《大智度论》卷二十七称："大慈与一切众生乐，大悲拔一切众生苦。"大乘佛教特别重视慈悲的观念，以此作为进入世间"普度众生"的主要依据。

［151］ Schayer, *Vorbereiten zur Geschichte der mahāyānistischen Erlösungslehren*, S. 35－39.

［152］ Cf. *Dhp*. 58, 59; *Sn*. 71, 213, 547, (812), 845, etc.

［153］ 宗教裁判所(Inquisition，或译作"异端裁判所")：中世纪天主教会设置的裁判和迫害异端的特殊法庭。Inquisition 一词源于拉丁文 inquiro(追究、调查)。13 世纪逐渐制度化。1231 年，教宗额我略九世(Gregorius IX)发布通谕，强调只有教会才有解释教会法规和审判异端的权利。宗教裁判异常残酷，从轻罚到处以火刑，各种刑法应有尽有。

［154］ "女巫审判"(Hexenprozeß)：中世纪，女巫在一些国家被视作通鬼魔施妖以害人者。欧洲基督教各国，在出现黑死病或其他自然灾害的时候，常指责是"女巫作法"所致。于是大规模地残杀涉嫌的无辜者。1590—1610 年、1625—1635 年、1660—1680 年，分别进行过三次大规模审判活动，约

十万人被处以极刑。到了18世纪，随着欧洲启蒙运动的兴起，女巫审判才逐渐被取消。

［155］“放下”（Gelassenheit）、“超越世间”（Weltfreiheit）是德国神秘主义、特别是中世纪的德意志神秘主义哲学家和神学家的艾克哈特大师（Meister Johannes Eckhart，约1260—1327）的概念。他认为万物是纯粹的“无”，万物的存在即为上帝；基督既是人类的焦点，又是人类的救赎者；人乃万物之灵，人的灵性与神性相通，是神性的微弱“火花”（Fünklein），可以通过自我放弃（Abgeschiedenheit，本意为“孤独”）与作为万有之源并高于创造之神的最高神性相关联，从而达到无所求之泛爱自由境地。相关的研究请参考李雪涛：《海德格尔Gelassenheit与禅宗的“放下”》，载《比较哲学与比较文化论丛》（第14辑），吴根友主编，长沙：岳麓书社，2019年12月，第76—86页。

［156］圣灵把耶稣引到旷野里去，耶稣在四十天里受恶魔的诱惑，并与野兽在一起。（马可福音第一章第12—13节）

《龙树》注释

［157］大乘佛典中的般若系经典，其中很多被认为是佛教初期的。从《大般若经》600卷（《大正藏》之⑤⑥⑦三卷）到仅有1页篇幅的《般若心经》，内容和形式依据成书年代的长短而产生种种变化。般若的主要思想可以概括为：A. 六度；B. 回向；C. 般若波罗蜜；D. 无所得空，此外还有许多其他例子。在这里雅斯贝尔斯所引用的经典以《八千颂般若经》和《金刚般若经》为主，这两本经的梵、藏、汉经文对照形式的版本也很多。实际上，这两本经属于般若初期经典，特别是《八千颂般若》（俗称《小品般若》）被看作般若经的代表性经典。

［158］这里的“龙树”指的是瓦理瑟（Max Walleser）的两个《中论》的德文译本。请参考书后“参考文献”之“原典”部分。据日本《大正藏》所收，署名“龙树”的著作共有二十余部，而西藏大藏经则收有百余部。据近代东西方学

者的考订，其中不乏伪托或以讹传讹之作。学术界公认确系为龙树所撰的，有下列十余部：

A.《中论》(Mādhyamikaśāstra)：此为龙树的代表作，姚秦弘始十一年(409)由鸠摩罗什译成汉文。B.《十二门论》(Dvādaśamukhaśāstra)：此书为《中论》之纲要性论著，罗什译。目前尚未发现梵、藏文本。C.《七十空性论》：此书原仅存藏文译本，今人法尊(1902—1980)法师曾以藏文本译为汉文。D.《回诤论》(Vigraha-vyāvartanī)一卷：汉文本为北魏毗目智仙、瞿昙流支共译。另外有梵、藏文本。E.《六十颂如理论》(Yuktiṣaṣṭikā)一卷：此书有藏文、汉文本，汉文由施护所译。F.《广破经・广破论》：此书仅存藏文本。G.《大智度论》(Mahāprajñāpāramitāśāstra)一百卷：此书仅存汉文译本，鸠摩罗什译。H.《十住毗婆沙论》(Daśabhūmika-vibhāṣā-śāstra)十七卷：此书仅存汉文译本，鸠摩罗什译。I.《大乘二十颂论》(Mahāviṃśaka-kārikā)：现存汉文、藏文本，汉文本为施护译。J.《因缘心论颂释》一卷：现存汉文、藏文译本，汉文本20世纪初于敦煌发现。K.《菩提资粮论》六卷：现存汉文译本，达摩笈多译。L.《宝行王正论》(Ratnāvalī)一卷：此论有梵、藏、汉文本，汉文本为真谛所译。M.《龙树菩萨劝诫王颂》(Suhṛl-lekha)一卷：现存汉文、藏文本，义净译。另有异译二种。

又，据藏文《布顿佛教史》所列(英文版：E. Obermiller, *History of Buddhism by Bu-ston*, 2 vols. Translated from Tibetan by E. Obermiller. Heidelberg & Leipzig: Harrassowitz 1932. Vol. 1, p. 50 & 51)，龙树最主要的论著有六种，即《中论颂》《七十空性论》《六十颂如理论》《回诤论》《广破论》以及《假名成就论》。

龙树造论之多，实世所罕见，有千部论主之称。后世基于他所著《中论》而宣扬空观之学派，称为中观派，并尊他为中观派之祖。此外，龙树又被尊为付法藏第十三祖，且于中国、日本，古来亦被尊为八宗之祖。

[159] 印度称“学术”曰“明处”，或简称“明”，“因”指推理的根据、理由、

原因，印度逻辑，佛家称为“因明”(hetuvidyā)，它是从印度六派哲学之一的尼也耶(Nyāya)学派及佛家各大论师，通过辩论逐步发展而建立起来的。尼也耶学派的根本经典为《尼也耶经》(Nyāya-sūtra)，相传由足目(阿格沙巴达·乔答摩(Akṣapāda Gautama))编撰。后来，印度逻辑逐渐形成了五分作法的推理形式，亦即：A. 主张(宗)；B. 理由(因)；C. 实例(喻)；D. 适用(合)；E. 结论(结)。到了3世纪(佛灭后七百年前后)，龙树完成了他的因明学巨著《方便心论》，论说内道因明之法，对正理派的逻辑学说进行了全盘否定(此论由后魏吉迦夜译成中文)。公元5—6世纪的陈那(Dignāga，约440—520)对因明做出了重大改革，补前贤之不足，勘正前贤著作之遗误，以使因明真正能负起破邪立正的责任，遂将“五分作法”改为“三支作法”，史称新因明。故而陈那之前的因明，统称为古因明。参见虞愚：《因明学发展过程简述》；许地山：《陈那以前中观派与瑜伽派之因明》，收入张曼涛主编：《现代佛教学术丛刊㊷·佛教逻辑之发展》。

[160] 龙树(Nāgārjuna)，一译龙胜，又译龙猛，而以“龙树”二字最为中国古今佛教界所采用，该译名最早为鸠摩罗什所译。元魏吉迦夜与昙曜共译《付法藏因缘传》也采用了这个译名。之所以被命名为“龙树”，据《龙树菩萨传》卷末载，“其母树下生之，因字阿周陀那。阿周陀那，树名也，以龙成其道，故以龙配字，号曰‘龙树’也”。(《大正藏》㊿-185b)然而，元魏般若流支译《顺中论》时，则将“龙树”改译为了“龙胜”。《顺中论》卷一前面的翻译记说明了改译的原因：“言龙树者，片合一厢，未是全当。”(《大正藏》㉚-39c)其后唐玄奘译述《大唐西域记》时，又将“龙树”改译为“龙猛”：“南印度那伽阏剌树那菩萨(唐言‘龙猛’，旧译曰‘龙树’，非也)。”(《大正藏》㊿-912c)虽然般若流支、玄奘二人都认为“龙树”二字并不忠实于梵文原意，而另译新名，不过其所译新名在中国佛教史上并未通行。除“龙猛”偶有用者外，中国佛教学者所撰写的佛教史书，如《天台九祖传》《景德传灯录》《传法正宗记》《佛祖统纪》《佛祖历代通载》等书都用“龙树”一名。(不过在密教典籍中，多沿用唐代所译之

“龙猛”)

关于龙树生平的汉译典籍有：鸠摩罗什译《龙树菩萨传》(《大正藏》㊿-184a～186c)，此传《大正藏》收有两个版本：其一根据宋、元宫本对校而成，其二为明本。此二本文句大体相同，只是次序有先后之别。此外，《付法藏因缘传》卷五(《大正藏》㊿-317b～318c)所载之龙树事迹，与此传亦大略相同。玄奘《大唐西域记》卷十“憍萨罗国”中也有记载(《大正藏》㊿-929a～930a)。另有藏文《布顿佛教史》。其中罗什所译的《龙树菩萨传》的传说意味比较浓。兹分叙其大要如下：

A.《龙树菩萨传》：龙树出身于南天竺的梵志种(婆罗门)，自幼聪慧奇悟，博闻强记。于世学、艺能、天文地理、图纬秘谶及诸道术无不悉练。曾与三密友共习隐身术，并挟术入王宫，淫乱宫女。事为国王察知，其三友皆遭杀害，独龙树运智逃脱。由此经历而了悟欲为苦本，终于出家求法。初学小乘三藏九十日，继入雪山从一老比丘学大乘经。其后周游诸国，催伏颇多外道，因而生骄慢之心，以为“佛经虽妙，以理推之，故犹未尽”。因此有意于佛教中另立新义，别树一帜。其时有大龙菩萨见龙树如此，乃引之入海，于龙宫中授龙树以诸方等深奥经典，乃深入无生法忍。出海后，到南天竺大宏佛法，并造大乘论数十万偈。且示神变以导引南天竺王，而得国王之护持，佛教因而大行。龙树晚年死于该地。

B.《大唐西域记》卷八：为南印度龙树菩萨“幼传雅誉，长擅高名，舍离欲爱，出家修学，深究妙理，位等初地”。卷十：龙树受到中印度憍萨罗国引正王的护持，该王曾凿黑蜂山建立伽蓝以供养龙树，并得一有力弟子提婆以为传人。龙树“善闲药术，餐饵养生，寿年数百，志貌不衰”，引正王也得龙树之妙药而寿至数百岁。其时王子为求早日继承王位，而企盼乃父早死。又以其父之长寿系由龙树之药术所致，因此也盼龙树速死，以使乃父早日大去。于是王子乃向龙树乞割其头，龙树因而自刎而卒。

C.《布顿佛教史》：龙树生于南印度毗达婆国(Vidarbha)的婆罗门，出家修学于那烂陀寺，从学于沙罗诃(Saraha)与罗睺罗跋陀罗(Rāhulabhadra)两位佛学大师。之后在各地传播新的般若思想。传说他曾从龙宫取回无量之大乘经典，并为南印度国王撰《龙树菩萨劝诫王颂》(Suhṛl-lekha)一卷。晚年循一位王子之请，自刎而死。

汉文典籍中有关龙树的传记材料尚见：《入楞伽经》卷九，《大乘玄论》卷五、十，《法苑珠林》卷三十八、五十三，《华严经传记》卷五，《传法正宗记》卷三，《佛祖统纪》卷五等。其他可参考：M. Walleser：The Life of Nāgārjuna from Tibetan and Chinese Sources，in：*Asia Major: Hirth Anniversary Volume*，ed. B. Schindler，Okt.，1922. pp. 421－455)；蓝吉富：《汉译本中论初探》，收入《现代佛教学术丛刊㊽·三论典籍研究》；佐佐木月樵：《龙树的教学》，收入《现代佛教学术丛刊㊻·中观思想论集》。

[161] 龙树等早期佛教思想家的言论很少是以单独的形式流传下来的，大多数保存在弟子们的疏释中，在对其言论进行注释过程中而予以列举。例如龙树的《中论颂》(*Madhyamaka-kārikā*)就保存在六种注释之中。世亲的《俱舍论》也因称友的注释而得以保留至今。

[162] 在中国产生重要影响的汉译经纶，大都是以注释的形式阐述的。

[163] 空(Śūnya)谓一切法皆因缘所生，没有质的规定性，没有独立的本体(实体)，假而非实，故而佛教中有“一切皆空”、“一切法空”、“诸法皆空”的说法。空性(Śūnyatā)系佛教“真如”(Tathatā)的异名。真如是离我法二执的实体，因此修空观而离我法二执之处，真如之实体跃然而显，即以空而显之实性谓为空性。Cf. *CPB*，pp. 329－334；pp. 351－356.

[164] 刹那(kṣaṇa)亦即瞬间。佛教用以表示极短的时间单位，认为一切现象都是刹那生灭，故而谓之空。

[165] 金刚(vajra)谓金中最刚之意，用以譬喻牢固、锐利、能摧毁一切的意思。佛典中以“般若”代替“完全的智慧”，被称作“般若波罗蜜多”(prajñā-pāramitā)，也常常将般若比喻成金刚。《金刚经》的全称是《能断金刚般若波

罗蜜多经》,又称《金刚般若波罗蜜经》。此经谓世上一切事物皆空幻不实,一切诸法皆无自性(asvabhāva),实相者则是非相,应当"离一切诸相而无所住"(无住:apratiṣṭhita;无相:alakṣaṇa),不应当执著于现实世界。此经篇幅适中,历来传播甚盛,在中国有六种译本之多。其梵文原本在中国、日本、巴基斯坦以及中亚等国家和地区均有发现,同时在我国吐鲁番等地也出土了于阗、粟特等文字的译本。现今的梵文定本为:Conze, *Vajracchedikā Prajñāpāramitā*, *S.O.R. XIII*, Roma, 1957。

[166] 脱离了两边(两个极端)的不偏不倚的中正道路或观点、方法谓之中道(Mādhyamā-pratipad)。中观学派认为世间和出世间、烦恼和涅槃应当是同一的,即所谓"假有性空",不著有、无二边的观点,名之中观。龙树的《中论颂》被认为是中观理论的基础。其卷四"四谛品"第十八偈:"众因缘生法,我说即是无,亦为是假名,亦是中道义。"(《大正藏》㉚- 33b)(yaḥ pratītya-samutpādaḥ śūnyatāṃ tāṃ pracakṣmahe/sā prajñaptir upādāya pratipat saiva madhyamā/)此偈被认为是中观学派关于中观的经典性概括。从这一偈中我们可以看出其中的几层含义:世间一切法皆由各种因缘条件生成,但都没有独自固有之自性;而我们所认识的实在事物,皆为假设之名言概念,自性实空无所有;对有因缘而生之法既承认其假名一面,又见到性空一面,即中道。

[167] 中观派(Mādhyamika)即由龙树所创立的大乘佛教派别,后为佛护、清辨所发展。

[168] Śūnyatā,参见注[163]。

[169] śūnya-vāda 乃中观派学说相依相关(空性)之原理。Vāda 是辩论的意思。

[170] 旧译:无上正遍知、无上正遍道。新译:无上正等正觉、无上觉。Anuttara-samyak-saṃbodhi(阿耨多罗三藐三菩提)之意译,乃能觉知一切真理,并能如实了知一切事物,从而达到悟知一切之佛智。

[171] 雅斯贝尔斯所使用的佛典有:A. 般若系经典中"八千颂般若"

和“金刚般若”的德文译本；B. 龙树的《中论颂》及带有注释的德文译本，这是由瓦理瑟从藏文和汉文译出的。此外，在汉学家、佛教学者哈克曼（H. Hackmann）所著的《中国哲学——最初的两个世纪》中，也列举了般若经典中的“一万颂般若”（Daśasāhasrikā）中的段落。（*Hackmann*，*Chinesische Philosophie. Die Ersten zwei Jahrhunderte* [*bis* 265]，1927，S. 245 - 252）

[172] 汉明帝永平年间，由于明帝夜梦金人而派人去西域求法，于月支国遇沙门竺摩腾译写此经后还洛阳。明帝求法一般被公认为是佛教传入中国的开始。有关《四十二章经》是否真正初写经典，抑或伪经，以及此经出现的年代等问题，在近代争论颇多。参见《现代佛教学术丛刊⑪·〈四十二章经〉与〈牟子理惑论〉考辨》。

[173] 雅斯贝尔斯在本文中所引用的《四十二章经》中的段落，即刊于哈克曼书中第 18、19、20 以及 42 章（共四章）的德文译文。（*Chinesische Philosophie. Die Ersten zwei Jahrhunderte* [*bis* 265]，1927，S. 246 ff.）《四十二章经》所传的版本大致有三个：A. 高丽藏所收本，此本源于宋初蜀版大藏经；B. 宋朝真宗注本，明南藏开始用此本；C. 宋朝守遂注本。雅斯贝尔斯所引用的《四十二章经》译本原本，当是宋朝守遂注本中的经文部分，而《大正藏》⑰- 722a～724a 所录，乃高丽藏本。

[174] “法”这一术语有多种解释，梵文 Dharma 的根本或更原始的意义是自然“本性”，用来表示宇宙间真实存在的事物，真正的实在或实际如是的事物。

[175] *Oldenberg*，S. 288.

[176] 公元前 2 世纪前后成立的说一切有部（Sarvāstivādin）将宇宙间的一切物质现象和精神现象分为两大类：由因缘和合而产生的生灭变化的现象称“有为法”；非由因缘和合而产生的无生灭变化的现象称“无为法”。有为法中分色法（物质现象）11 种，心法（精神现象）1 种，心所法（心法派生或随属的现象或作用）46 种，心不应法（与色、心皆不相应，既非精神又非物质的现

象)14 种。无为法只有 3 种。以上总计 75 种,被称为五位七十五法。大乘瑜伽行派反对部派佛教的这种认识,唯识宗认为心法 8 种,心所有法 51 种,色法 11 种,心不相应法 24 种,无为法 6 种,合计百种,故称五位百法。参见罗森贝格:《佛教哲学的问题》(O. Rosenberg, *Die Probleme der buddhistischen Philosophie*, 1918. Deutsch, 1924);舍尔巴茨基:《佛教的中心概念和"法"的意义》(Th. Stscherbatsky, *The Central Conception of Buddhism and the Meaning of the "Dharma"*, London 1923, Calcutta 1956[2])。

[177] 参见前注。亚里士多德多次在《形而上学》一书中提到"存在"一词。"存在者这一词具有各种各样的含义。"(*Metaphysica*, *Γ* 2, 1003a. 吴寿彭译本:"一事物被称为'是',汉译甚多。"(北京:商务印书馆,1959 年))"所以从古至今,大家所常质疑问难的主题,就是:'什么是存在者?'"(*Ibid.*, Z 1, 1028b)。

[178] "菩萨"的梵文 Bodhisattva,是 bodhi(觉、悟、完全的智慧)和 sattva(众生、有情、有生命的一切)组合而成,即觉悟的有情,亦即自利、利他二行圆满,勇猛求菩提者。又有"开士"之意义,据说菩萨明解一切真理,能开导众生、悟入佛之知见,故有此尊称。龙树《十住毗婆沙论》卷二称:"菩提名上道,萨埵名深心,深乐菩提,故名菩提萨埵。复次,众生名萨埵,为众生修集菩提,故名菩提萨埵。"(《大正藏》㉖-30-b)

[179] *Pr.* S. 37. (*Pr.* 37)所引书的标记。bodhisattvena mahāsattvena prajñāpāramitāyāṃ caratā prajñāpāramitāṃ bhāvayatā na rūpe sthātavyaṃ na vedanāyāṃ saṃjñāyāṃ na saṃskāreṣu na vijñāne sthātavyaṃ/(Wogihara [ed.]: *Abhisamayālaṅkārāloka*)p. 47; R. Mitra (ed.): *Aṣṭasāhasrikāprajñāpāramitā*, *Bibliotheca Indica*, Calcutta 1888, p. 8."若菩萨摩诃萨行般若波罗蜜多时,观想般若波罗蜜多时,不住于色,不住受,想,行,识。"(《大正藏》⑧-587c~588a)

[180] Cf. *Pr.* S. 42; *Wogihara*, p. 65 (na hi te Śāriputra dharmās tathā saṃvidyante. ... yathā Śāriputra na saṃvidyante tathā saṃvidyante/.)"彼一切

法皆无所有。……诸法无所有今如是有。”(《大正藏》⑧-589a)

[181] *Pr*. S. 35; nâhaṃ bhagavaṃs taṃ dharmaṃ samanupaśyāmi yad uta bodhisattva iti/tam apy ahaṃ Bhagavan dharmaṃ na samanupaśyāmi yad uta prajñāpāramitā nāma/(*Wogihara*: *Ibid*.,)pp. 30-31. “我不见有法名为菩萨，亦不见有法名为般若波罗蜜多。”(《大正藏》⑧-587b)

[182] 参见注[159]。

[183] 见《八千颂般若》。api tu khalu punar Bhagavaṃs tad api nāmadheyaṃ na sthitaṃ nâsthitaṃ na viṣṭhitaṃ nâviṣṭhitaṃ/tat kasya hetoḥ/avidyamānatvena tasya nāmadheyasya/(*Wogihara*: *Ibid*.,)p. 45. “而彼名字无住处非无住处，无决定无不决定，何以故？彼名字性无所有故。”(《大正藏》⑧-587c)

[184] 译成中文的“相”一词源自不同的梵文原文，德文中也有不同的译法：德文的Zeichen(征兆、符号)一词用来指nimitta(相)(参见注[257])。跟Zeichen相对的Merkmal(标志、特征)的含义是lakṣaṇa(相)(参见注[165])。但另一方面，Eigenschaft(eig. Kennzeichen, lakṣaṇa, 性质、特性)也是“相”的含义。lakṣaṇa具有“符号、特征、特性以及状态、形态”等多种含义。依据《金刚经》，如果把特征(相)作为根本来进行判断，那真是大错特错了。在《中论·观三相品》第七中，龙树是从生、住、灭三相来对现象界(有为法)进行考察的。

[185]《中论·观因缘品》第一青目的释中，以“谷”作譬喻讲述了八不中道义。详见《大正藏》㉚-2ab. *Nag*. *II*, S. 3-5. 在*Nag*. *I*, S. 7中，“谷”被译作Reis(稻米)。

[186]《中论·观有无品》第十五之十一偈(相当于梵本Svabhāvaparīkṣā[自性的研究])(《大正藏》㉚-19c～20b)。有(bhāva)、无(abhāva)相当于德文中的Sein(存在)和Nichtsein(非存在)。自性(svabhāva)字面上的含义是：诸法自我独立之存在。龙树《大智度论》卷三十一：“性名自有，不待因缘。”

(《大正藏》㉙-292b)实际上世间并没有不待因缘孤立存在的事物,诸法亦非客观独立的实体,故而世界一切现象皆是因缘所生,刹那即灭,没有质的规定性,亦无独立之实体。《中论》这一章的主题便是对存在事物自性的否定。参见蓝吉富:《汉译本中论初探》,收入《现代佛教学术丛刊㊽·三论典籍研究》。

[187] 主张世界为常住不变,人类之自我不灭,人类死后自我亦不消灭,且能再生而再以现状相续,即说我为常住。执著于此见解,即称常见。大慧曰:"常见者,不悟一切法空,执著世间诸有为法,以为究竟。"(《大正藏》㊼-923b)

[188] 又称断灭见,为上述"常见"之对称(合成"二见"),即偏世间及我终归断灭之邪见。盖诸法之因果各别亦复相续,非常亦非断,执断见者则唯执于一边,为无因果相续之理,世间及我仅限于生之一期,死后亦归于断灭。如提倡虚无主义者,即属断见之一例。

[189]《中论·观有无品》第十五第十偈:"定有则著常,定无则著断。是故有智者,不应著有无。"(《大正藏》㉚-20b) astîti śāśvata-grāho nâstîty uccheda-darśanaṃ/tasmād astitva-nâstitve nâśrīyeta vicakṣaṇaḥ//10//(*Poussin*, pp. 272-273)十卷本《入楞伽经》卷九曰:"于南大国中,有大德比丘,名龙树菩萨,能破有无见,为人说我法,大乘无上法。"(《大正藏》⑯-569a)所谓断常二见,系概括而言外道之种种偏见。据《大毗婆沙论》卷二百所载,诸恶见趣虽有多种,皆不出有见、无有见二见之中;有见即指常见,无有见即指断见。以此二见皆为边见,故世尊主张离常、离断,而取中道。

[190] *Nag. I*, S. 5.

[191] 龙树从三藏里吸收了四分别句(cātuṣkoṭika,又译作:四歧义、四句义、四边见、四不可、四不成立)的辩证法,即以肯定、否定、复肯定、复否定四句来分类诸法之形式。龙树在《中论·观邪见品》第二十七中对此做了解释。举例说明,以有、空分别诸法,谓为有而非空,是第一句有门也。反之而

谓为空而非有，是第二句，空门也。反之而谓为亦有亦空，是第三句，亦有亦空门也。反之而谓为非有非空，第四句，非有非空门也。故而有无之法门尽于此，更无第五句。此四句分别初二句云两单，后二句为俱是、俱非，亦曰双照双非。然佛教之真理，无法仅用此四句分别而把握之，因其为空不可得，故吉藏《三论玄义》曰："若论涅槃，体绝百非，理超四句。"（《大正藏》㊺-6a）百非即对有无等一切概念一一加上"非"字，以表示否定之意。此即谓，佛教之真理不仅不宜以四句分别，亦乃超越百非之否定。

[192] 此处的例子系出自《中论·观涅槃品》第二十五（*Nirvāṇa-parīkṣā*［涅槃之研究］）、《观邪见品》第二十七（*dṛṣṭi-parīkṣā*（种种见解之研究））。

[193] 参见《观燃可燃品》第十（*agni-indhana*（火和薪））。

[194] 参见《观有无品》第十五，见注[186]。

[195] 参见《观成坏品》第二十一（*saṃbhava-vibhava*（成立和消灭））。

[196] 参见《观因果品》第二十（*sāmagrī*（原因之集合体））。

[197] 参见《观时品》第十九（*kāla*（时间））。

[198] Materie（物质）。与这一德文词相当的梵文词汇有：mūrti，vastu，dravya，bhautika，佛典中常使用 rūpa（色）一词。瓦理瑟把 rūpa 译作德文词 Erscheinung（现象），但 rūpa（Stoff，Materie）在 *Nag. I*，S. 58 中使用，大抵上是"物质"（Materie）的含义。

[199] 参见《观法品》第十八（ātman（我））。

[200] 俗谛（saṃvṛti-satya），又称世俗谛、世谛，亦即世间的真理。

[201] 真谛（paramārtha-satya），又称胜义谛、第一义谛，乃出世间之真理。真、俗谛合起来称为"真俗二谛"。从本质上来讲，俗谛是对世界颠倒的看法，而真谛则是正确的认识，是获得涅槃不能不依据的条件。佛教真谛本是无法用语言来表达的，可若不借助于假名，又如何能使众生了解、悟得真谛呢？因此佛陀也只能凭借俗谛这一阶梯来讲真谛。

《中论·观四谛品》："诸佛依二谛，为众生说法，一以世俗谛，二第一义谛。若人不能知,分别于二谛,则于深佛法,不知真实义。”(《大正藏》㉚-32c) dve satye samupāśritya buddhānāṃ dharma-deśanā/loka-saṃvṛti-satyaṃ ca satyaṃ ca paramārthataḥ//

“若不依俗谛,不得第一义;不得第一义,则不得涅槃。”(《大正藏》㉚-33ab) vyavahāram anāśritya paramārtho na deśyate/paramārtham anāgamya nirvāṇaṃ nâdhigamyate//

有关真俗二谛的辩证关系,参见李雪涛:《〈三论玄义〉初探》,载《内明》237—238期(1991年12月刊,第3—10页;1992年1月刊,第29—35页);《〈二谛义〉识小》,《内明》241期(1992年4月刊,第3—12页和20页)。

[202] 参见注[166]。

[203] 依缘(pratītya 缘、条件)生起(samutpāda)称作“缘起”(pratītya-samutpāda),谓一切事物均处于因果联系之中,以一定条件生起变化,借此解释一切现象产生之根源。《杂阿含经》卷十二谓:“此有故彼有,此起故彼起。”(《大正藏》②-86)中观派着重从感觉、概念及其对象的假有性空方面说明一切现象得以发生的原因。《中论》称之为“八不缘起”。参见下注以及《现代佛教学术丛刊㊸·佛教根本问题研究(一)》;Cf. *CPB*, pp. 191-195。

[204] 著名的“八不(归敬)偈”:“不生亦不灭,不常亦不断,不一亦不异,不来亦不出。能说是因缘,善灭诸戏论。我稽首礼佛,诸说中第一。”(《大正藏》㉚-1b) anirodham anutpādam anucchedam aśāśvatam/anekārtham anānārtham anāgamam anirgamam/yaḥ pratītya-samutpādaṃ prapañca-upaśamaṃ śivam/deśayāmāsa sambhddhas taṃ vande vadatāṃ varam/参见黄忏华:《中论的八不》;牟宗三:《中论之观法与八不》。此二文收入《现代佛教学术丛刊㊻·中观思想论集》。

[205]《观四谛品》第二十四:“是故经中说,若见因缘法,则为能见佛,见苦集灭道。”(《大正藏》㉚-34c) yaḥ pratītya-samutpādaṃ paśyatîdam sa paśyati/duḥkhaṃ samudayaṃ caiva nirodhaṃ mārgam eva ca/

［206］雅斯贝尔斯对佛教的认识也经历了一个发展的过程。他在这里讲，佛教不是虚无主义，但他早年的著作《世界观的心理学》（*Psychologie der Weltanschauungen*，1925）却把佛教认定为“存在的虚无主义”。世界观的根本问题是肯定生命之全体，还是否定生命之全体，这里也被当作虚无主义的问题提出来。虚无主义有两种：“价值的虚无主义”（Wertnihilismus）和“存在的虚无主义”（Seinsnihilismus）。前者主张价值（Wert）、意义（Sinn）掩盖了事实上存在的意志。后者主张存在如同价值和意义一样，也在欺骗我们。因此，佛教的虚无主义属于这一“存在的虚无主义”范畴。反过来我们可以说，价值的虚无主义，是通过否定价值来求得存在，而存在的虚无主义却是通过否定存在谋求价值。实际上，雅斯贝尔斯在《世界观的心理学》中所论述的与在这里所讲的在本质上并没有什么区别：“有关存在和非存在的一切主张被粉碎……但是……正是原本的东西被寻求着。”这同样是通过否定存在来寻求价值的“存在的虚无主义”。在《世界观的心理学》中，雅斯贝尔斯对佛教的理解还不完整，或者说，他的理解只停留在宏观的领会阶段，对西方的思想和佛教内容区分之前提把握得还不充分，从而将佛教胡乱地贴上了虚无主义的标签。后来随着他对佛教理解的深入，更由于趋于从经过深思熟虑之比较哲学的立场看问题，从而完全避开了容易受到误解的虚无主义这一名称。另见注［234］。（这里论述了为什么不能把佛教称作虚无主义的理由，它超越了真伪之对立，超越了怀疑与独断之对立，即在完全消亡了肯定与否定的基础之上不再讲否定说（Negativismus）、不讲“存在”以及“无”之二者择一的排除法，因此不能将佛教称作虚无主义说）

［207］“指示”（Hinweis）：雅斯贝尔斯认为，对于超验者、统摄来讲，不能通过客观思维来捕捉，只能给予其指示，只能听从。“我们通过对对象的思考，必然能获得对统摄的非对象性的指示。”（*Einführung*，S. 32）

［208］“佛言：吾法念无念念，行无行行，言无言言，修无修修。”（《四十二章经》第十八章，见《卍续藏》㊲- 663a）“佛言：吾何念念道，吾何行行道，吾

何言言道，吾念谛道。”(《大正藏》⑰-723a)

［209］ *Pr.* S. 36；śrāvaka-bhumāv api śikṣitukāmena iyam eva prajñāpāramitā śrotavyā udgrahītavyā dhārayitavyā vācayitavyā paryāptavyā pravartayitavyā ihaiva prajñāpāramitāyāṃ śikṣitavyaṃ yogam āpattavyaṃ(*Wogihara*, *Ibid.*) p. 41；*Mitra*, p. 6. “若有人欲学声闻法者，当于此般若波罗蜜多听受读诵记念思惟，如说修行。是即于此般若波罗蜜多修学相应。”(《大正藏》⑧-587b)

［210］ *Pr.* S. 38；*Wogihara*, p. 50；*Mitra*, p. 8 ff. “此人于一切智(sarvajña-jñāne)而生信解(adhimucya)，以有量智(jñāna)入如是法。”(《大正藏》⑧-588a)

［211］ *Pr.* S. 41；kṣipram anuttarāṃ samyaksaṃbodhim abhisaṃbudhyate/ *Wogihara*, p. 60；*Mitra*, p. 13. “速得成就阿耨多罗三藐三菩提。”(《大正藏》⑧-588c)“速”在瓦理瑟的译本中被译作“rasch”(迅速、很快)，而雅斯贝尔斯却改为了“plötzlich”(突然、猛然)。梵文、藏文本以及瓦理瑟译本所表达的都是“迅速”的意思。

［212］ *Pr.* S. 35 ff.；saced evaṃ bhāṣyamāṇe deśyamāne upadiśyamāne bodhisattvasya cittaṃ nâvalīyate na saṃlīyate na viṣīdati na viṣādam āpadyate nâsya vipṛṣṭhī bhavati mānasaṃ na bhagnapṛṣṭhībhavati nôttrasyati na saṃtrasyati na saṃtrāsam āpadyate eṣa eva bodhisattvo mahāsattvaḥ prajñāpāramitāyām anuśāsanīyaḥ/*Wogihara*, p. 33 ff.；*Mitra*, p. 5. “若菩萨摩诃萨闻作是说，心无所动，不惊不怖亦不退没，是即名为教菩萨摩诃萨般若波罗蜜多。”(《大正藏》⑧-587b)

［213］ 有关“沉默”，参见注［110］，“他者”参见注［253］。

［214］ Hackmann, *Chinesische Philosophie*, S. 269 ff.

［215］ 菩提达摩(Bodhidharma)，略称达摩。中国佛教禅宗的初祖，生于南印度，婆罗门种。天平元年(534)以前入寂。传说他在洛阳看见永宁寺宝

塔建筑之精美，自言年已百五十岁，历游各国都不曾见过，于是“口唱南无，合掌连日”。(《洛阳伽蓝记》卷一)《续高僧传》卷十六、二十八，《景德传灯录》卷三，《传法正宗记》卷五，《楞伽师资记》，《内证佛法相承血脉谱》，《宗镜录》卷九十七，《传法正宗论》卷下，《祖庭事苑》卷二、五、八，《旧唐书·神秀传》等都载有其传记资料。今人有关菩提达摩的考证材料颇多，参见黄忏华：《禅宗初祖菩提达摩考》；汤用彤：《菩提达摩》；胡适：《菩提达摩考》；太虚：《与胡适之论菩提达摩书》(以上诸文收入《现代佛教学术丛刊④·禅宗史实考辨》)。

［216］这段禅话被称作“皮肉骨髓之教诫”，载于《景德传灯录》卷三(《大正藏》51- 219bc)：

迄九年，已欲西返天竺，乃命门人曰：“时将至矣，不执文字，不离文字，而为道用。”师曰：“汝得吾皮。”尼总持曰：“我今所解，如庆喜见阿閦佛国，一见更不再见。”师曰：“汝得吾肉。”道育曰：“四大本空，无阴非有，而我见处，无一法可得。”师曰：“汝得吾骨。”最后慧可礼拜后，依位而立。师曰：“汝得吾髓。”(按：慧可系禅宗之第二祖)Hackmann，*Ibid*.，S. 270 ff. und S. 396.

［217］这段有名的梁武问答载于《景德传灯录》第三(《大正藏》51- 219a)以及其他多种禅话之中：

帝曰：“朕即位已来，造寺写经，度僧不可胜纪，有何功德?”师曰：“并无功德。”帝曰：“何以无功德?”师曰：“此但人天小果，有漏之因，如影随形，虽有非实。”帝曰：“如何是真功德?”答曰：“净智妙圆，体自空寂，如是功德，不以世求。”帝又问：“如何是圣谛第一义?”师曰：“廓然无圣。”帝曰：“对朕者谁?”师曰：“不识。”帝不领悟。(这一则禅话被作为“达摩廓然无圣”列在《碧严录》第一则当中)Hackmann，*Ibid*.，S. 269 ff.

胡适之先生考定菩提达摩来华的时间是在刘宋末年，约公元 470 年(宋明帝泰始六年)前后，他在中国传法达五十多年。胡适之考证了有关达摩见梁武帝的记载，7 世纪道宣的《续高僧传》中根本记无此事。8 世纪净觉作《楞枷资记》始记此事,但并无达摩与梁武帝的对话。稍晚出的《传法记》便已有了达摩与梁武帝的对话,但很简略。到8世纪晚期所出之《历代法宝记》,这段话已有增加。到11世纪北宋时出现的《联灯会要》,则不但达摩与梁武帝的对话内容大有增加,语意也较深奥,还记下了两次会面的具体日期。我们从中可以看到世愈后其传说事迹愈复杂的史实。参见李雪涛:《胡适之先生的佛学研究》,载《内明》227期(1991年2月刊),第37—43页。

[218] 尔时,尊者舍利子白须菩提言:"云何须菩提,有彼心非心不?"须菩提言:"舍利子,于汝意云何,若心非心于有无为可得耶?"舍利子言:"不也,须菩提。"是时须菩提告舍利子言:"若心非心于有于无为不可得者,汝今何故作如是言?有心非心耶?"舍利子言:"何名非心性?"须菩提言:"一切无所坏,远离诸分别,是为非心性。"(《大正藏》⑧-587b)在瓦理瑟的译本中是以"nicht-Gedanke"(非思维)来翻译"acittatā"(非心[性]),以Sein(存在)翻译"astitā"(有),以"Nichtsein"(非存在)翻译"na-astitā"(无)的。非心性(非思维)被认为是无变化(avikāra)、无分别(avikalpa),也是无法言说的。雅斯贝尔斯原注有误,实际上此处应参见德译《般若经》第36页。*Pr.* S. 36;*Wogihara*, p. 39 ff.

[219] 用 begründet 来译 pratiṣṭhita,用 nicht-begründet 来译 apratiṣṭhita (*Pr.* S. 149). yat pratiṣṭhitaṃ tad eva-apratiṣṭhitam (*Conze*, p. 42), all supports have actually no support. (*Conze*, p. 78)"金刚般若:若有心住则为非住。"(《大正藏》⑧-750b、754c、759b、764a。另见《大正藏》⑧-769a、773c)

[220] "挫折"(Scheitern),雅斯贝尔斯也称之为思维的挫折。他对"哲学思维的挫折"作了如下阐述:"一切真正的哲学思想都具有一个基本特征,即以人作为对确定之客体进行思维的媒介。并且唯有借助于这一媒介,才可促成进入'统摄'的人间飞跃……这一飞跃使我们从确定的思维束缚中解放出来——同时又不是以放弃确定的思维为手段,而是运用它以达到终极的境地。"(*Einführung*, S. 36)另请见注[244]。

[221] *Pr.* S. 38."得不到对方的一切智,不应当通过符号(nimittato)而

取得。”*Wogihara*，p. 50.“无有相所取。”(《大正藏》⑧-588a)

［222］*Pr*. S. 48；na kenâpi saṃprasthitaṃ/na kvacit sthāsyati/api tu sthāsyati/sarvajñatāyām asthāna-yogena/*Wogihara*，p. 104 ff.；*Mitra*，p. 13.“若法无所出亦复无所作，以无住故即一切智无住相应。”(《大正藏》⑧-590b)

［223］*Nag*. *I*，p. 27.

［224］《巴门尼德篇》(*Parmenidēs*)是柏拉图晚年所作的一篇重要对话，全书讨论了存在、非存在、变化(运动)、静止、生成、消灭等诸问题。在书的最后写道：“一切都存在着，又不存在着。可以这么看，又不能这么看。”(166a 以下)本书的中译本有：陈康译注：《巴曼尼得斯篇》，北京：商务印书馆，1982 年。

维特根斯坦(Ludwig Wittgenstein)出生于奥地利维也纳，曾在剑桥大学从罗素(Bertrand Russell)研究数理哲学。主要著作：《逻辑哲学论》(*Tractatus Logico-philosophicus*)、《哲学研究》(*Philosophische Untersuchungen*)、《数学基础研究》(*Bemerkungen über die Grundlagen der Mathematik*)。对形而上学的问题，维特根斯坦以沉默的方式予以回答，这与佛教的“无记”(十四无记)相类似。在维氏看来：“凡是能够说的事情，都能够说清楚，而凡是不能说的事情，就应该沉默。”(郭英译：《逻辑哲学论》，“序”，北京：商务印书馆，1962 年，第 20 页)这说明，维特根斯坦清楚地知道言说的界限。此外，“逻辑计算”(Logistik)是补充形式逻辑的一种形式，逻辑学的内容通过数学记号来表示，它是一种像数学演算方法一样来试图规定逻辑法则的东西。

从莱布尼茨开始，弗雷格、皮亚诺、怀特海等使数理逻辑进一步得到发展。近年来，人们正进行试图通过它与佛教思想相关的立场看问题的研究。

雅斯贝尔斯指出以下两点：一、通过逻辑计算来订正佛教经典中出现的逻辑谬误的可能性；二、在维特根斯坦方面，他能感觉到思维界限内挫折的意义。

［225］ Īśvara(神、自在神)随时代之不同也有变化,可以被认为是主权者、支配者,作为具有一切智的纯净特殊之神我(puruṣa)的自在神,被认为是具备无限善德的人格自在神。一般被认为是世界的主宰神。Cf. *CPB*, pp.287 – 289.

［226］ puruṣa(神我)亦即"人",指个人之精神本体,是印度数论学派所立二十五谛之第二十五。即执"我"为"常住独存,受用诸法之实我"。数论于自性等立二十五谛,第二十五神我谛则非本性亦非变异,其体乃实有常住、清静独存,常为其余的二十四谛所围绕。为根本质料因之根本原质(即自性),若与神我结合,则由根本原质展开现象世界。而根本原质与神我结合时,神我会受物质之系缚。然在解脱之时,神我则脱离根本原质,单独存在,而成为本来纯粹而清静者。

［227］ 藏传佛教有五种科目,按照顺序大约需要十二年的时间得以学成:A. 逻辑学(因明);B. 般若空论(现观庄严论);C. 中观(入中观论);D. 戒律(律经);E. 俱舍学(俱舍论)。喇嘛首先必须学会佛教研究中必要的讨论法、推论法。Stcherbastsky, *Erkenntnistheorie und Logik*, S. 34; ditto, *Buddhist Logic*, vol. I, p. 55 f.

［228］ 思维通过进行思维所经历之挫折,反过来使思维得到了扬弃,从而超越思维,达到了完全智慧的过程。参见注［220］。

［229］ Vedānta 学派乃六派之一。此派理论的根本经典是《梵经》(Brahma-sūtra),相传其创立者是跋达罗衍那(Bādarāyaṇa,约公元前 1 世纪)。吠檀多派认为,世界上除最高的存在"梵"外,不存在其他的实在,展现于我们面前的物质世界及其一切现象都是"梵"的一种幻现,解脱的最高目的是亲证梵我一如,从而认识灵魂的真正本性。Cf. *IC. Tome II*, p. 509; *CPB*, pp. 109 – 117.

［230］ Stcherbatsky, *Erkenntnistheorie und Logik*, S. 25, 33, 40, 83, 99, 116, 124, 172, 183, 184, 187 fg., 251 ff.; Cf. Walleser, *Der ältere Vedānta*, S. 42; Stcherbatsky, *Buddhist Nirvāṇa*, p. 37.

［231］ Brahman(梵)在古代跟 mantra(曼怛罗)一样，具有“祈祷”、“真言”、“咒词”的含义。在婆罗门时代，祭祀的力量可以支配全宇宙乃至神灵，这一思想使人们认识到语言具有巨大的威力。祭祀之所以重要，是因为梵天具有神圣且神秘的法力，并且具有支配一切的力量和创造力，以至最终成为“宇宙永恒不变之根本原理”。而“梵我一如”则代表着印度的思想。

梵文婆罗门(brahmaṇa)一词在初期吠陀中表示圣典，具有伟大优越的涵义。后来到保拉法(Paurava)时代婆罗门这个词被人格化了，成为至高无上的存在或上帝，一般译为梵天(阳性主格为“婆罗摩”，brahmā)，它是最原始的实体，宇宙即由它演化而成。有时梵天一词颇为哲学化抽象化被理解为非人格的绝对存在，可是仍然具有生命(因为全宇宙的生命都是从它的身体里面流出，而且被它维持着的)。从梵文梵天(Brahman)又派生出婆罗摩那(brāhmana)一语，义为掌握圣典的教士，后来又变成上帝的教士。此字照英语的写法是 brahman 或 brahmin，欧洲作家又从此字制造出“婆罗门教”(Brahmanism)一个派生词。(一般以婆罗门代表婆罗门教僧侣是英语的译音，相当于梵语的婆罗门那。英语 brahman 指僧侣，梵文 brahman 指梵天)见前揭渥德尔著，王世安译：《印度佛教史》，北京：商务印书馆，1987 年，第 27 页。

［232］ araṇā-vihāriṇām agratāyāṃ. (*Wogihara*, p. 40; *Mitra*, p. 6)“汝于无诤三昧行中最胜第一。”(《大正藏》⑧- 587b)

［233］ *Pr*. S. 34; *Wogihara*, p. 8.(《大正藏》⑧- 587a)

［234］ 参见注［206］佛教的否定说与虚无主义相区别的理由。

［235］ *Pr*. S. 75; *Wogihara*, p. 31.“当知一切法如声响，若如是知即于诸法无所观，无所示，无所生，无所得。”(《大正藏》⑧- 618b)瓦理瑟在译本中，将“诸法”(dharmāḥ)译作“alle Dinge”(一切事物)。

［236］ *Nag*. *I*, S. 27. 诸大乘经典每以幻、炎、水中月、虚空、响、犍闼婆城、梦、影、镜中像、化等十种譬喻，衬托出“空”的道理，以助学人成就空观。

犍闼婆城喻，所说的是犍闼婆神所示现的城楼，日初出时，得见城门楼橹宫殿行人出入，日转高而转灭，此城但可眼见而无有实。无智之人见我及诸法，淫嗔心起，四方狂走，求乐自满，颠倒懊恼。若以智慧了知无我无实法者，则颠倒心息。（参见《大般若经》卷一）如同犍闼婆城空空如也，这里讨论了各种观念和存在的实在性，从而显示出对实在论者的异议和非难是不成立的。犍闼婆（gandharva）是印度神话、宗教中半神半兽、为婆罗门教所崇拜的群神。传说其风采很美，在吠陀时代，他奉侍帝释天之宴席，专事歌唱奏乐。佛教中称之为八部之一乐神。

［237］参见注［191］。

［238］*Pr*. S. 46; *Wogihara*, p. 88 ff.“譬如幻师于四衢道，以其幻法出多人聚出已即隐……是诸幻人有所从来有其实不？有所灭去？有所坏不？”（《大正藏》⑧－590a）

［239］雅斯贝尔斯原注有误，实际上此处应参见德译《般若经》第158页。*Pr*. S. 158. Tārakā timiraṃ dīpo māyā-avaśyāya budbudaṃ/Supinaṃ vidyud abhraṃ ca evaṃ draṣṭavyaṃ saṃskṛtam//(*Conze*, p. 62)“一切有为法，如梦幻泡影，如露亦如电，应作如是观。”（《大正藏》⑧－752b、757a、761a、766b、771c、775b）

［240］德文原文作“Myrobalanenfrucht”，按《四十二章经》之第四十二章，原作“诃黎勒药树果子”，简称“诃子”（“诃黎勒”的梵文作“haritakī”）其果实可作燃料及药用。诃子，由于其形量如枣，经中譬喻，言其极小也。

［241］“佛言：吾视王侯之位，如过隙尘。视金玉之宝，如瓦砾。视纨素之服，如敝帛。视大千界，如一诃子。视阿耨池水，如涂足油。视方便门，如化宝聚。视无上乘，如梦金帛。视佛道，如眼前华。视禅定，如须弥柱。视涅槃，如昼夕寤。视倒正，如六龙舞。视平等，如一真地。视兴化，如四时木。”（《四十二章经》第四十二章，《卍续藏》㊾－1－39ab）“佛言：吾视诸侯之位，如过客。视金玉之宝，如砾石。视毡素之好，如敝帛。”（《大正藏》⑰－724a）

Hackmann, *Ibid.*, S. 246 ff. 按："六龙舞"，六龙谓日轮，舞谓旋转。醉人目迷，每见日出以为正，日入以为倒，或以日出为倒，日入为正，实为首尾相换而已。

［242］Yesaṃ sannicayo n'atthi ye pariññātabhojanā/suññato animitto ca vimokho yesaṃ gocaro, ākāse va sakuntānaṃ gati tesaṃ durannayā//"若人无所依，知彼所贵食，空及无相愿，思维以为行。鸟飞虚空，而无足迹，如彼行人，说言无趣。"(《出曜经》第二十六卷，见《大正藏》④- 750c～751a)"虚心无患，已到脱处，譬如飞鸟，暂下辄逝。"(《法句经》第十五卷，见《大正藏》④-456b)"鸟飞虚空，而无足迹现，如彼行行人，言说无所趣。"(《法集要颂经》第三，见《大正藏》④- 793b)

［243］邪见(Verkehrungen)在瓦理瑟的译本中，大抵与"Verkehrtheiten"相当。不过在《中论·观颠倒品》第二十三中，"die Verkehrtheiten"是用来翻译"viparyāsa"的，意思是妄想、颠倒。在《中论·观邪品》第二十七中，以"die Ansichten"、"die falschen Ansichten"译"dṛṣṭi"，意思是种种的见解、种种错误的见解。雅斯贝尔斯的说法与前者没有什么不同，不过其内容与此品所叙述的并没有什么关系。

［244］雅斯贝尔斯接下来叙述了他所感受到的佛教思维的特点。参见注[220]。

［245］佛教所谓"像法"。佛灭度后，佛法日益衰微，随时间的流逝分为正、像、末三个时期。据《大乘同性经》卷下、《大乘法苑义林章》第六卷等记载，三时为：A. 如来灭后，教法住世，以教法修行，即能证果，称为正法；B. 虽有教法及修行者，多不能证果，称为像法(像，相似之意)；C. 教法垂世，人虽有禀教，而不能修行证果，称为末法。三个时期的时间长短诸说不一，这里认为正法五百年，像法五百年，末法千年。而一般认为正法五百年，像法一千年，末法一万年。参见李雪涛：《房山石经在佛教研究上的价值举隅》第六节(一)末法佛主张，见《内明》第228期(1991年3月刊，第3—9页)。

［246］*Nag. II*, p. 2."佛灭后，后五百岁像法中，人根转钝，深著诸法，

求十二因缘，五阴十二入，十八界等决定相，不知佛意，但著文字。”（《大正藏》㉚-1ab）

［247］“是则破一切，世间语言法。作罪及作福，亦无有差别。”《中论颂》第十七章第二十四颂（《大正藏》㉚-23a）

［248］“诸佛依二谛，为众生说法：一以世俗谛，二第一义谛。若人不能知，分别于二谛，则于深佛法，不知真实义。若不依俗谛，不得第一义，不得第一义，则不得涅槃。”《中论颂》第二十四章第八至十颂（《大正藏》㉚-32c～33a）

［249］参见《中论颂》第二十四章。

［250］*Nag. I*，S. 151.

［251］Hackmann，*Chinesische Philosophie*，S. 302 ff. 宋绍兴三十年（1160），王日休撰《龙舒净土文》卷十“五蕴皆空说”项中：“照见辨识空，则不泥于辨识，而可以坐忘。”（《大正藏》㊼-282b）

［252］“统摄”（das Umgreifende），参见注［55］。

［253］“他者”（das Andere），雅斯贝尔斯也认为，与其说“作为那个存在物的统摄”是以现实存在、一般意识、精神而被认识，并超越了统摄，不如说统摄是以被指明的“某一他者”（ein Anderes）而被认识。（*V u. E*，S. 45）“作为他者（das Anderes）的存在……是（作为存在自身的）超越者。”并且这一“他者”作为暗号存在于当下（gegenwärtig）。但在超越者对象化方面，雅斯贝尔斯将超越者作为暗号，使之成为对象化的特殊对象性，称作“形而上学的对象性”（metaphysische Gegenständlichkeit）。（*Ph.*，S. 679 f.）参见注［66］。

［254］参见注［51］、［61］。

［255］以下部分参见：Schayer，*Vorarbeiten zur Geschichte der mahāyānistischen Erlösungslehren*，S. 40 - 43。

［256］*Ibid.*，S. 41；*SN. IV*，p. 173.

［257］animitta（无相）亦称作空、无相、无愿（所谓“三解脱门”），是般若

经典中具有代表性的思想用语之一。*Ibid.*，S. 42.跟“有相”相对。有相乃指有形象而能与他物相区别者，又一般以会生灭变化之事物为有相，故有相也称有为法。而无相却是超越了有、无相之空，同样也超越了一般的生灭变化（有为法＝现象界）。龙树在《大智度论》第六十一卷所举，无相有假名相、法相、无相等三种相，“以此三相皆无所得，故称无相”。（《大正藏》㉕－495b）

［258］在莎伊尔的译本中有“wachsamer Torwärter”（guttadvāra）一语。一般经典中，这一巴利语是指六种感官（根，indriya）在一起作用，意思也就是守卫着感官的各个门户（Cf. *DN*，*I*，63，70；*SN*，*II*，218；*IV*，103，112，117，119，175，etc.）。六种感官分别是眼、耳、鼻、舌、身、意，而以六识所感觉认识的六种境界为色、声、香、味、触、法，根据识体作用之不同，对认识对象予以分类。法作为意识的境界，范围最广，包括人的一切认识对象。因六境能劫持一切善法，所以也称六贼。巴利文原文中的“门”本来并没有把门的意思，只是作为一种比喻，将六根比作六个门，实际上跟守门、把门并没有关系。（*SN*. *IV*，194）

［259］māyā（幻）. Cf. Schayer. S. 42－55.

［260］在莎伊尔的译本中，Seinsentfaltung 相当于 prapañca。这一梵文原文在中文中被译作“戏论”，即违背真理，不能增进善法而无意义之言论。而舍尔巴茨基（Stcherbatsky）译作“verbal designation”（语言上的措辞）（*Buddhist Nirvāṇa*，p. 48）。

［261］参见注［176］。传统的上座部（小乘）佛教中的代表部派。释迦逝世后三百年初，从上座部分出，主要分布在古代印度西北克什米尔、犍陀罗等地，曾盛极一时。上座部各派一般以经、律为主要依据，此派却主要以阿毗达磨论书为依据。

［262］Sautrāntika（经量部、经部），此部系在释迦逝世后四百年初，从说一切有部独立出。它反对说一切有部的三世实有说，主张新法缘境的“带相”说及“自证”（了解正确谓之证）理论。在理论上对后出的大乘唯识学派有很

大的影响。参见吕澂:《印度佛学源流略讲》,上海:上海人民出版社,1979年,Cf. *CPB*, pp. 81 82。

[263] 由无著、世亲兄弟创立的瑜伽行派(yogācāra)亦称大乘有宗,与中观学派并称为印度大乘佛教两大派别。Cf. *IC. tome II.*, pp. 379 – 380; *CPB*, pp. 104 – 109.

[264] Śūnyavādin(空观派)亦被称作"中观派"。参见舍尔巴茨基《佛教涅槃》第六章"后期小乘诸学派的立场"、第八章"毗婆沙派"、第九章"经量部"、第十章"瑜伽行派"、第十一章"中观派"等章节(Stcherbatsky, *Buddhist Nirvāṇa*, pp. 23 – 39)。

[265] 观念论(Idealismus)。在认识论上主张物质依赖意识而存在,物质是意识的产物。从 18 世纪开始,人们用"观念论"称呼贝克莱(George Berkeley)的学说。康德则把自己的学说称作先验观念论。与观念论相对立的是实在论(Realismus)。实在论承认物质存在于人们的意识之外,而精神不过是物质的产物和反映。

[266] 理性主义(Rationalismus)又译作"唯理论"。理性主义者不承认经验论者所主张的一切知识都起源于感觉经验的原则,认为具有普遍必然性的可靠知识只可从先天的、无可否认的"自明之理"出发,经过严密的逻辑推理得到。西方近代理性主义哲学的开创者是笛卡尔,主要代表人物有斯宾诺莎、莱布尼茨等。与理性主义相对立的是经验主义(Empirismus),认为经验是人类一切知识或观念的唯一来源,强调经验或感性认识的作用和确实性。近现代的经验主义者有:英国的培根、巴克莱、休谟,法国的伽森狄、狄德罗等。

[267] 实证主义(Positivismus)也叫"实证论"。实证主义者认为,只有现象或事实是实证的东西,才可以去认识,将现象当作一切认识的根源,要求科学知识是"实证的"。他们不承认现象之外有什么东西存在,把认识局限于现象范围之内。其创始人为法国哲学家孔德(Auguste Comte),主要代表人

物有英国的密尔、斯宾塞。虚无主义（Nihilismus）源于拉丁文"nihil"（无）一词。虚无主义者否定实在的真理（价值），也否定认识真理的可能性。尼采正式把否定历史传统和道德原则叫作虚无主义，从而也实现了他彻底"重估一切价值"的目的。

［268］ Cf. Gagin M. Nagao, *The Silence of the Buddha and its Madhyamic Interpretation*『山口博士還暦記念・印度学仏教学論叢』京都：法藏館，1955 年，第 137—151 頁。Cf. *CPB*, pp. 36 - 54.

［269］ *MN*. *I*, p. 135; *Conze*, P. 32.《金刚般若经》："知我说法如筏喻者，法尚应舍，何况非法？"（《大正藏》⑧- 749b 等）

［270］"善恶的彼岸"，尼采有同名著作。尼采认为，谦逊、自足、和平、仁爱、同情等基督教精神是人类自怯的表现，他称这些为奴隶道德（Sklavenmoral），而通过权力意志成就的超人，是可以弘扬整整一千年人类生存的人，在他们身上所体现的则是主人道德（Herrenmoral）。他认为，传统的善恶观念抑制了生命的价值，应当重新制订善恶的标准，以重估一切价值（die Umwertung aller Werte）。

［271］雅斯贝尔斯的《尼采》第二部"尼采的根本思想"第五章的标题为"对世界的阐释"（Weltinterpretation），参见雅斯贝尔斯著，鲁路译：《尼采——其哲学沉思理解导论》（雅斯贝尔斯著作集），上海：华东师范大学出版社，2021 年，第 318—369 页。Cf. K. Jaspers, *V u. E*, S. 13 f., S. 41.

［272］"权力意志"，尼采有同名著作。尼采认为，人的一切行为和欲望都是由权力意志的本能支配的。世界本不是一个万物消极求生存的过程，而是一个万物求生命力扩展的积极过程。无限地追求权力是生命最基本的普遍法则，也是道德的最高目的和价值标准。"超人"（Übermensch）是尼采学说中的理想者的形象，是对权力意志满足的主人道德的体现者。尼采断言，人类的全部历史都是由超人创造的，人类的目的在于产生伟大的人物，而普通的人只是达到这一目的的手段而已。

［273］具有代表性的是“十二因缘说”。日本佛教学者中村元认为，因果关系是有条件的关系，“和有关自然界的因果关系不同，是实践的、人间的一种关系”(『東洋人の思惟方法』第一部，東京：春秋社，1975 年，第 65 頁以下)。

［274］ālaya-vijñāna(阿赖耶识、藏识)，唯识(瑜伽行)派将内在的心识分为八类(八识)中的最末一类，是世界一切精神的来源，它包含着一切现象的种子(潜能)，也就是含藏佛性清净种子的大仓库。因此，这一识是物质世界和自身的本源，也是轮回果报的精神主题和由世间证得涅槃的依据。由阿赖耶识之种子起现行，现行熏种子，以现行诸法为缘，生烦恼恶业而招感苦果，三世因果辗转相续，此为瑜伽行派之缘起观。

［275］瑜伽行派和法相宗等以植物的种子能产生相应之结果，来譬喻阿赖耶识中储藏有产生世界各种现象之精神因素。种子(bīja)有两个来源：一为本有，指无始来先天具有者；二为新熏，指后天由经验熏习所积累者。八识中之第八识具有三种体相，第三种曰种子识(bīja-vijñāna)，“执持诸法种子令不失故”是第八识之因相。(《大正藏》㉛-7c)

［276］先验观念论(transzendentaler Idealismus)也称作“批判的观念论”，是康德的著名学说，他肯定自在之物或本体的存在。自在之物是感觉素材的源泉，不能为人所认识，不是知识的对象。知识的真正对象是由外来的感觉素材和人们主观知识的能力所提供的形式和原则配合而成的现象。

［277］德意志观念论(Deutscher Idealismus)，从人生态度、伦理思想、历史观、世界观来看，可以译作“德意志理想主义”。从狭义上来讲，德意志观念论包括围绕着康德的先验观念论(参见上注)出现的一大批哲学家：费希特、谢林、黑格尔等。从广义上来讲，18 世纪末的赫尔德、19 世纪的叔本华则更进一步，被称作新理想主义和新康德派。另外，有时也包括德奥学派和现象学学派。

［278］宗教改革后的 16、17 世纪，天主教和新教对立，导致宗教战争，包

括荷兰的独立战争、英国和西班牙的抗争、法国的胡格诺战争以及以德意志为中心的三十年战争。

[279] 参见日本佛教学者川田雄太郎(『印佛研』一卷二号，第50—56页)。川田雄太郎在这里把西洋哲学和佛教进行了对比论述。雅斯贝尔斯的“理性”并不是康德意义上的理解，他是在进一步扩大的意义上使用这一概念的。依据雅斯贝尔斯的观点，理性乃是各种形式的统摄相结合的纽带，在存在方面并不是没有关系的。“所谓理性和实存，实际上是各种形式的统摄相互配合构成我们存在的一个大的两极。”(*V u. E*, S. 48)“实存因为理性而变得明了，理性依据实存而得到内容。”没有理性的实存是盲目的，没有实存的理性是空虚的。“理性：只是相对于反理性的事物(das Widervernünftige)而变得容易使人接受起来(aufgeschlossen)”(*Ibid.*, S. 86)。理性的非逻辑性只是通过破坏悟性逻辑才得以产生真正的真理。但理性(Vernunft)一词是从动词 vernehmen(听到)而来的。理性被称作“听从”(zuhören)也是由此而来的。实存理性是听从于超越者的心声的。超越者的暗号、语言，换句话讲，在创造第二世界“第二对象时，它只能通过被理性所证实的可能存在而被听得到(vernehmbar)”(*Ph.*, S. 680)。另外，有关统摄之确认，可以说“这一思考乃是在现象中能够听取本来存在的能力在我们心中的觉醒，并借此以改变对象世界的含义。”(*Einführung*, S. 31)海德格尔也将听从于存在的“听从性思维”。(M. Heidegger, *Über den Humanismus*, 1947, S. 7)

[280] 印度史诗(也是世界上最长的史诗之一)，是《摩诃婆罗多》(Mahābhārata)中最精彩的哲理诗和印度教最负盛名的经典(即第六卷“毗须摩品”中第二十五章至四十二章部分)。内容主要摄取数论、瑜伽、吠檀多三派之哲学思想与伦理观念，宣扬通过修炼瑜伽，使个体灵魂“我”及宇宙灵魂“梵”相结合，以达到脱离生死轮回之最高境界(涅槃)。即借由阿周那王子(Arjuna)与毗湿奴之化身克里希纳(Kṛṣṇa)之对话，强调无执著之行为是人类唯一应尽之道，即依正智而发展出智行合一思想，视为解脱之道。而易行之

解脱道，则端赖于对唯一神之绝对信爱(bhakti)，此说遂为毗湿奴派发展之起源。印度哲学思想之发展，即常以注释《薄伽梵歌》之形式出现。F. Edgerton, *Bhagavad-Gītā*, 2 vols., Harvard O. S., 1944; Radhakrishnan, *The Bhagavadgītā*, London, 1948; Gründer-Ācārya der Internationalen Gesellschaft für Kṛṣṇa-Bewußtsein, *Bhagavad-gītā - Wie Sie Ist*, New York etc: The Bhaktivedanta Book Trust 1974.《薄伽梵歌》的译本有：徐梵澄译本，印度室利阿罗频多修道院，1975 年；张宝胜译本，北京：中国社会科学出版社，1989 年。有关此书的评论，参见《印度两大史诗评论汇编》，北京：中国社会科学出版社，1984 年。

[281]《薄伽梵歌》中写道："我们为奉献一切，为专心企念最高的我（个我），为无欲无望，除去一切辛劳而战。"日本禅学大师铃木大拙认为，可以将其看作与佛教相类似的"空"的定义。(『鈴木大拙選集』第九卷「禪と空觀」，東京：春秋社，1952 年，第 336 頁)

[282]"高贵的精神"(vornehme Seele)，高贵(Vornehmlichkeit)是尼采设定的特殊的伦理学上的价值观念。尼采将道德分为两个根本的类型，即他所鼓吹的主人道德和奴隶道德(参见注[270]、[272])。主人道德存在于高贵的人中间，他是价值的创造者，在那里有自我的颂歌，有充实的感情，充满了高度紧张的幸福。此外，还有他期望施与他人的彻悟。高贵之人认同强者，并尊敬他们，尊敬那些有能力驾驭自己的人、那些乐于严格要求自己的人。这样，"个人主义便属于高贵灵魂的本质"。(*Jenseits von Gut und Böse*, 1886. S. 257, 265)

[283] Cf. *CPB*, pp. 195 - 208.

解　　说

李雪涛

本书译自德国哲学家雅斯贝尔斯1957年出版的《大哲学家》(*Die großen Philosophen*, Bd. 1, 1957)中关于《佛陀》和《龙树》的两章。《佛陀》出自"范式的创造者"(Die massgebenden Menschen, S. 154 - 185)的第二篇,《龙树》则出自"从根源来进行思考的形而上学家"(Aus dem Ursprung Denkende Metaphysiker, S. 898 - 933)的第六篇(最后一篇)。由于受到日译者田中元的《孔子与老子》(1967)以及峰岛旭雄的《佛陀与龙树》(1960)的启发,我们也将《大哲学家》中的这四位哲学家专门结集,因为对于汉语的读者来讲,雅斯贝尔斯对东方的这四位哲学家的阐释是具有特殊意义的。

一、雅斯贝尔斯与佛教最早的接触

雅斯贝尔斯跟佛教的接触可以追溯到他在海德堡期间与印度学家齐默尔(Heinrich Zimmer)博士的交往:"一直到1939年的春天,我很幸运地与印度学学者海因里希·齐默尔建立了友谊,在当时的压力之下,他和他的家人被迫移居国外,先是去了英国,之后到了美国。在海德堡,他是最后一位与我进行既有广度又有深度谈话的人。我从他广博的知识中获益匪浅,他总是设法让我获得我想要的东西,带给我许多中国与印度世界的文献和翻译。"[1]

1937 年以后雅斯贝尔斯开始研究亚洲文化，对这位当时已经功成名就的实存哲学家来说这是一个全新的领域，而作为印度和东亚文化专家的齐默尔则为他提供了重要的参考文献，并一直与他在这一崭新的思想世界中进行对话、讨论。雅斯贝尔斯在研究、写作《佛陀》《孔子》《老子》和《龙树》时，齐默尔一直是他重要的助手。在现存的他们两人于 1929—1939 年的十几封通信中，有几封非常集中地探讨了中国哲学和佛教，并且一再提到汉学家卫礼贤（Richard Wilhelm）创办的《汉学》（*Sinica*）杂志、孔子、佛教、寒山与拾得，也提到哈克曼（Heinrich Friedrich Hackmann）等汉学家的名字和著作。[2]

二、欧洲哲学传统与人类的中心问题

欧洲哲学理性主义的发展有悠久的历史，它始自希腊神话，经苏格拉底、柏拉图、亚里士多德、中世纪基督教神学、近代笛卡尔的理性主义、英国的经验论，到康德和黑格尔的德意志观念论。黑格尔哲学将理性主义发挥到了极致。尽管在哲学思潮方面一直存在着理性与非理性之间的对抗，但顺着黑格尔理性思想而登上哲学舞台的却是克尔凯郭尔（Søren Kierkegaard）和尼采（Friedrich Nietzsche）。面对以往从未出现过的人类的新问题，他们开始否定庞大的哲学体系，认为哲学的目的并不在于扩充自己的知识，而在于阐明生命的意义。因此，被理性主义者认为是毫无意义的佛教，在克尔凯郭尔、尼采乃至雅斯贝尔斯看来，却指向了人类的中心问题。在 20 世纪，这样的转变对近代的意识当然也有所冲击。

尽管雅斯贝尔斯的哲学思想与佛教没有直接的关联，但他对理性主义所提出的质疑，显然跟佛教的根本问题有着密切的联系。因此，他的哲学观点与佛教有诸多契合之处。但是，我们无论如何不能认为雅斯贝尔斯的思想是反理性的，因为他在任何情况下都不会藐视理性。他正是以理性与实存共同构建了他的超越(Transzendenz)理论。不过雅斯贝尔斯认为，理性的范围是低于哲学的，并且唯有当理性使我们失望时，哲学才真正得以开始。[3]

雅斯贝尔斯正是在意识到理性的极限时，才从印度和中国发现了哲学思想的新途径。他在《有关我的哲学》中写道："由于从巴门尼德到黑格尔以来的相互关联的哲学失去其安全性，我们现在也就只能在人之存在(Menschsein)的深厚基础上来做哲学，这一人之存在从某种意义上来讲，系西方现已终结的几千年的思想之源泉。以另外的方式来认识这一基础，我们便会认识到将印度和中国作为另外两个哲学思想的本源性途径。"[4]作为印度哲学的重要组成部分，佛教的思维方式无疑启发了雅斯贝尔斯以根源性的方式重新思考人类的存在问题。实际上，雅斯贝尔斯一生中所探究的问题，都可以归结为一个问题：什么是哲学？[5]

三、哲学的信仰与佛教

作为实存哲学的巨擘，雅斯贝尔斯一直同基督教保持着一定的距离。他认为，人只有在无助的"临界境况"(Grenzsituationen)中才能接触到超越，从而实现自己的真实存在。"临界境况"包括死亡、痛苦、奋斗、机遇、罪恶等人类无法逃脱或改变的境遇。正是为了改变当下自我的境遇，人才会努力寻求突破与超越，从而达到个人真实自我的实现。雅斯贝尔斯认为，临界境况是哲学的根源，正是在这样的境况中，人们才能找到关于真实存在的启示的根本冲动。雅斯贝尔斯说："在临界境况中，人类要摆脱或者超越一切将要消失的世间存在，或者指向虚无，或者感觉到真实存在。即便绝望就其事实而言，只能存在于世间，它却指向了世间之外。"[6]正是这些失败的经验，给人带来了超越的意识。雅斯贝尔斯认为，超越是一切具体概念、逻辑、理性所无法达到的。但有了这样的超越经验后，日常的经验也可以成为超越的"暗号"。暗号是世间超越的形象，透过理性人们无法直接认知世界的本质，而必须通过暗号来解读。雅斯贝尔斯之所以提出"暗号"的概念，是因为暗号永远不会有固定的意义。临界境况只有凭借暗号才能转化为超越。人的理性在暗号中寻求意义，这才是哲学信仰的开始。[7]

雅斯贝尔斯将"哲学的信仰"与一般的信仰（宗教）区分开来。他认为哲学与宗教有着紧张的关系，对此他有过很精彩的论断："对于宗教而言，哲学与它的紧张关系是绝对的：真正的虔信者可以成为神学家，但不经过断裂的话，不会成为哲学家，一位哲学家不经过断裂也不会成为虔信者。"[8]作为信仰"统摄"（das Umgreifende）的实存哲学家，雅斯贝尔斯认为超越是"绝对"隐蔽的，而每一种启示都将其讲得很清楚（verdinglichen）。[9]这一点是雅斯贝尔斯绝对不能容忍的。

哲学的超验性在宗教之中，特别是在天启宗教之中，常常被具体地理解为历史性的事实："在宗教中，天启的客观性被看作历史上唯一的事实，并且最终被固定为可以被认识之物，而不再作为表达历史性超越的象征特质，僵化为上帝直接的话语。"[10]雅斯贝尔斯认为，这种对天启宗教的唯一性的理解，是哲学的信仰所不允许的。基督教过于具体地表达“超越”本身，一个可以认识的具有人格的神，并且信仰中的许多具体概念又过于系统化，这使得雅斯贝尔斯无法“接受这个具体的信仰和传统的权威”。[11]这对雅斯贝尔斯来讲，同时意味着个人自由和尊严的丧失。

在雅斯贝尔斯看来，哲学的信仰不是皈依。这一信仰既没有教条，也没有权威。它既不是建立在启示基础之上，也不认同任何所谓的圣典，没有任何的组织，也不采用任何的强制方法。它不知道所谓普遍有效的、极具说服力的科学。它既非现代科学意义上的理性，亦非感觉或狂热意义上的非理性。对于雅斯贝尔斯来讲，最关键的在于哲学的信仰是其自身的源泉：“我在做哲学中体验到超越的现实性，并没有媒介，是通过我自己而不是非我体验到它的。……哲学信仰是人们赖以把握现实的东西，但由于它不是教条的，不能成为信仰的东西。对哲学信仰来说，思想是从黑暗的起源到现实的过渡；因此思想如果仅仅是思想，那就毫无价值，思想有意义的原因在于它具有澄明的、可能性的作用，在于它具有内在行为的性质，在于它具有召唤的力量。”[12]雅斯贝尔斯在佛教，特别是大乘佛教中看到了这一信仰，其中人与作为超越者的“统摄”有着天然的关联。

雅斯贝尔斯认为：“哲学信仰要求完全投入世界之中的事情，要求在世界中全力以赴去做当时有意义的事情（以便在其中，并从在那里产生的现实中弄明白有关超越的、至今含义未明的话语），同时对整个世界在超越之前所显现的那种将要消逝的空无性永志不忘。”[13]这显然是与龙树在《中论》中提到的“涅槃与世间，无有少分别；世间与涅槃，亦无少分别”[14]的大乘思想相符的，同时也让我们想到了《五灯会元》中的著名偈语："一切佛法，自心本有。将心外求，舍父逃走。"[15]

在论述哲学的信仰与迷信的区别时，雅斯贝尔斯认为，将对象物看作本真的存在，这是一切教义学的实质，将象征物的物质确实性看作是实在的，这是迷信的实质。因为迷信是对客体的束缚，而信仰则是以"统摄"为基础的。[16]

四、与佛陀一起"做哲学"

在今天看来，佛教研究的根本目的在于追寻两千年前的佛教思想或由此发展而来的佛教教义，究竟对现代人具有怎样的意义，及其在整个文化史上究竟占有什么样的地位。将佛教作为历史、宗教、文本来研究的学者们，常常会将佛教看作一堆死的历史、文化知识，其研究往往是为了满足个人追求知识的欲望。而信奉佛教的研究者，很多会转向佛教的教义，以求安身立命，进而希望借此宗教，有益于国家、众生。不论是所谓学士派所运用的"客观的科学方法"，亦即将佛教作为研究对象来客观地进行分析、研究，检讨其中的内容，还是所谓信奉派强调戒定慧的修持，并一再声称唯有自己的解释才符合两千多年前的佛陀本意，这两者都跟我们所提到的佛教研究的目的并不完全相符。那么这些研究对我们现代人的生存来讲究竟有什么意义？"做哲学的历史性传统，其整体性，以及无穷真理的积淀，都指明了做哲学之路。传统就是以往思考过的深邃真理，人们可以对它怀着无尽的期待；是存在于少数伟大著作中的深不可测性；是怀着敬畏之心从大思想家那里接受下来的现实性。"[17]实际上对雅斯贝尔斯而言，哲学史本身从来不是研究的目的所在，它仅仅为当代哲学思考提供素材而已，通过把握哲学的历史，才能真正把握我们自身。雅斯贝尔斯认为："对哲学仅仅作理论上的观察，是远远不够的。做哲学是实践活动，这意味着我们必然要对从事哲学史的方法有所要求：要从文本中灵活地将其内涵化为已有，这样的理论态度才是真实的。"[18]"如果必须要在哲学史中认识概念，那么只有参与到这些已经过去的思想背后的崇高生命实践之中去，才有意义。"[19]雅斯贝尔斯以其实存哲学的视角，为我们展示了佛教对于人类的启示。对于雅斯贝尔斯来讲，佛教研究理应对我们人类当前存在的特殊境遇提供令人信服的解释，它应当是一个我们能投身其中的行动，而不应当只是一系列关于佛教的历史知识而已。雅斯贝尔斯在具体解释佛教觉悟的意义时写道："这一认识本身绝不仅仅是有关某一事物的知识，而且是一种行动，是包含一切的行动。"[20]

与佛陀一起做哲学意味着进行"哲学沉思"（philosophische Besinnlichkeit）。雅斯贝尔斯认为，与宗教的沉思不同，哲学的沉思没有神圣的对象，没有神圣的场所，没有固定的形式。我们为这种沉思而为自己定下了秩序，这并不能成为规则，相反应保持着自由运动的可能性。这种沉思区别于集体式的礼拜，它要求孤独。[21]雅斯贝尔斯认为，哲学沉思包含三个方面的省察：(1) 自我反省，对日常生活的反省；(2) 超越式的反省，设法对存在本身予以了解；(3) 对当下所应当做的进行反省，这实际上是将以上两方面的反省转化为行动。[22]

雅斯贝尔斯同时强调读者的参与和能动性，他认为哲学的历史知识是无法打动今天的读者的，读者应当与作者一道将自己的身心投入其中,“确切地说,人在做哲学中可以作为可能性去同实存进行交往,去认识在历史中出现过的那最绝对之物以及最光亮之物。他与以往最受人尊重的思想家进行交流,并且可以向他们询问,只有这样做,哲学研究才会获得意义”。[23]只有透过我们自身现实的存在,才能使哲学家所提出的问题具有当下的意义。因此,唯有在这样的互动中,佛陀的问题才能成为我们同时代的问题。同样,他的人生智慧,也从来不会过时。哲学的根本问题既然源自生活,那么这些根本问题的形式与佛陀时代就不可能相去甚远。

雅斯贝尔斯认为,佛教并不是什么神秘的宗教,正相反,“佛陀却说:真正的奇迹是让他人产生正信,内心纯洁,使自己获得禅定、觉悟,从而得以解脱。与此相反,使自己的形态变成各种各样,遨游于空中,飞行于水上,看透他人的思想,这一切都只是虔信之徒与江湖骗子们的鬼把戏”。[24]这是以理性手法“祛魅”(Entzauberung)的过程,雅斯贝尔斯认为,宗教的妖魔化剥夺了人的自由,使人窒息。[25]正因为此,佛陀所面临的实存问题跟我们类似,故而有启发性。如若佛陀果真是遨游于空中、飞行于水上的神人,那他的生存经验对我们来说,显然没有任何的意义。

五、佛教——关于人的学说

实际上,原始佛教的教义是彻头彻尾有关人的学说。佛陀讲世界、讲宇宙,归根到底是讲人,强调人生的内在价值。与西方为了满足自己的知识欲而探索世界不同,原始佛教纯粹从人的立场去推陈世间万物,并将之化作人生之主观评价材料。不仅如此,佛陀本人甚至认为以理论方式处理形而上学的问题都是有害的。[26]

雅斯贝尔斯认为，最深刻的真理无法以肯定的、直接的方式说出，只能以间接的方式予以传达。因此佛陀惯常用譬喻，在某些时刻又沉默不语，对于他认为不适当的问题，明确予以拒绝。[27]在原始佛教中，佛陀的教义并非仅为形而上学的玄理，而更是一种解脱之道，一种与你我，或者说与真实的生存相关的解脱之道。佛陀常常拒绝回答弟子们所提出的诸多形而上学的问题，是希望借其沉默的智慧，巧妙地让这些终极性形而上学的问题保持开放性。他让自己的沉默像远处巨大的背景一般被人注视着，而不让它神秘地消失。“在知识无法达到的地方，不应当浪费时间做没有结果的思考。甚至在重要的问题上，知识也不是必需的，如果灵魂的救赎不完全依赖于它的话。”[28]从另一个方面来讲，佛陀并不认为这些哲学问题是人类可以解决的，人们实在不应该枉费时间和精力去探讨它们，因为这些对真正的解脱之道并没有益处。雅斯贝尔斯同样认为，佛陀所讲授的不是形而上学，而是解脱之道：“佛陀摒弃了对解脱来说并不是必要的知识。他不愿意对他已拒绝了的命题做任何解释，诸如：‘世界是永恒的’以及‘世界不是永恒的’，或者‘世界是有限的’、‘世界是无限的’，或者‘死之前可以成佛’、‘死之后可以成佛’。”[29]除此之外，佛陀甚至认为从理论上来解决形而上学的问题是有害的。他拒绝回答各类形而上学的问题，也是因为这些问题无助于我们的修行以及向涅槃方向的努力。

很显然，佛陀的教义是以修持为中心的，因此与以纯粹逻辑为中心的形而上学的论证是完全不同的。雅斯贝尔斯指出：“我们阅读这些经文，可以看出，这一学说是以修持为中心，并且以不断重复的形式出现：正是在这反复变化的过程中，形成了与其内容相符的独特氛围。很少能从中找出纯粹逻辑性的东西和明确的、有秩序的形式，精练的形式则更少见。”[30]在修行的过程中，“一切的论证，自己扬弃了自己”。[31]

雅斯贝尔斯认为，大乘佛教继承了佛陀的真正精神，龙树的反形而上学立场正是佛陀真正精神的发展：“龙树摒除了一切形而上学的思维方式。他不谈创世之说，到底是通过神（自在天），还是通过神我、通过时间、通过其自身创造了世界，这一切他全都避而不谈。他反对谈论对诸规定、自我存在以及原子表象的执著，反对谈论一切断灭见、常见，他还反对谈论我见。”[32]龙树同样对绝对本体论提出了疑问，他所重视的是有关证悟的修持本身。

根据雅斯贝尔斯的实存哲学，人是永远无法穷尽自身的，其本身并不是被给定的，而是一个过程。他有意志的自由，能够主宰自己的行动，这使他有可能按照自己的愿望塑造自我：我们始终从事着创造自己的工作。“但由于人绝不可能仅仅是手段，而同时永远是终极目标，因此做哲学的人在面对那双重的可能性前，在虚无的不断威胁之下，总想要体验到来自根源的充实。”[33]佛陀的一生便是这样一个事实，他证明这种生命是可能的。今天，亚洲国家中的众多佛教徒依然重复着这一古老而又具有生命力的教义，它显示了人类不确定的本质。“他自身还必须做出抉择——通过无数个体的抉择，来决定自己能成为什么。”[34]雅斯贝尔斯所认为的自由的观念，亦即人按照自己潜在的可能性去决定自己的命运。一个人不只是他目前偶成的状态，他是开放的。对他来讲，不存在任何唯一的正确解释。雅斯贝尔斯著作的深度并不在于其所擅长的哲学分析，因为每一个个体都是独特的，从哲学上来讲不可能给予可能的描述，而只能希望通过他对“实存之澄明”(Existenzerhellung)或“呼唤”(Appellieren)来对读者的处境有所启发，“并要求读者尽可能地以高贵的情操去面对这一人类处境”。[35]

六、实存之澄明

雅斯贝尔斯认为，作为主体的人在试图认识其自身时，势必把自己对象化为客体，借助科学方法来加以研究。人尽可以用生物化学家、解剖学家、心理学家或社会学家的观点去研究自身，但作为主体的人与对象化的人不是同一的，对象化的人是被限定、被贬抑了的人，他不再具有自由，而只是被束缚和被规定的概念而已。换句话说，他已经不再具备作为主体的人的本质了。因此，人将自己对象化为客体而获得的对自身的认识，是对于一个已失去本质的非人的概念的认识，而不是对于活生生的人自身的认识。雅斯贝尔斯将这种思维的基本状态称作“主客体分裂”(Subjekt-Objekt-Spaltung)。[36]主客体分裂说明起初是一体的东西被撕裂开来了，雅斯贝尔斯想要强调的是未分裂前的根源状况。[37]人只要试图以某种规定性，或以某些范畴来认识自身，他就已把自身当作僵化了的东西，就已失去了认识它的意义。人是不可以被当作对象来认识的，他是作为一切对象之根源，本身并不是客体。人永远也不可能对其自身做出任何绝对的规定，永远也无法彻底理解存在之谜。依据雅斯贝尔斯的观点，我们不能再像以往的哲学家那样，把人看作客观存在物了，而应当且必须把人理解为活生生的存在。

按照雅斯贝尔斯的观点,实存是永远不会成为客体的东西,是人类思维和行动的源泉,人只有在什么都不被认识的思维过程中,才能涉及这一源泉。实存属于其自身,因而是属于自己的超验的东西。[38]

究竟用什么方法才能说明存在呢?雅斯贝尔斯称之为实存之澄明,并强调说:这种澄明不是认识本身,而是诉诸实存的可能性。[39]所谓实存之澄明,是要通过内心的体验去把握诸如信仰、自由、交往、孤独、幸福、生灭等不可能通过普通的理智来确定的多重可能性。雅斯贝尔斯强调实存的活动性,以避免产生将"实存之澄明"变成关于实存的学说,而将实存当作对象来研究的错误。这一方法在佛教中的运用便是禅定,佛陀本人正是通过禅定而发现自身实存的意义的。

尽管认识产生于主客体的分裂,但为了阐明"统摄",就必须克服这一分裂。雅斯贝尔斯将科学性的方法与哲学性的方法区分开来,认为前者是"对象性认识思维"(gegenständlich erkennendes Denken),后者是"超越性的思维"(transzendierendes Denken),并且只有后者才是他所谓的哲学的"基本操作"(Grundoperation)。如果用前者来认识哲学的问题,就像禅宗所说的"譬如挥剑斩虚空",毫无意义。雅斯贝尔斯认识到了分裂以及对象性的界限:"这一界限是以'统摄'为基础的将存在物变为透明的场所,是'统摄'能够在有限物之中找到一种显现方式的场所。……它是基本操作,因为它进入了有限物的基础,同时也为'统摄'的确定打下了基础。"[40]这样的基本操作便超越了所有的对象性思维。在佛教思维中,特别是以龙树一系为主的大乘中观之中,即便有对象性的思维，也仅仅是俗谛层面的言筌而已，最终还会归于超越性的思维。后来主要继承龙树大乘空宗的中国佛教，如三论、天台、禅宗等，都是不允许有任何对象性的思维存在的，他们所强调的达到的境界，也只能用超越性思维来理解。

这样的一个立场构成了雅斯贝尔斯佛教研究的出发点，对佛陀及其教义的研究，当然不应当以上述对象化、客体化的方式来进行。雅斯贝尔斯指出，每一个哲学家都是完全属于他自己而不被包含于任何一种安排或规则之中。因此，在对待伟大的哲学家方面，我们只能以热忱去洞察他们的思想，以此而进行的描述是没有限定的。重要之处不在于采取一种有力的观点去纵观他们的作品，对他们指手画脚，而是要以崇敬的心态去用心体会他们言辞背后的真理。作为人类历史上伟大的哲学家之一的佛陀，他首先是活生生的人。同样，今天我们要研究佛陀的教义，所关心的绝不仅仅是有关佛教的历史知识，而是对今天的人依然有所启发和帮助的，来自佛陀的极生动的哲学、宗教思想。这位历史上的哲学家能够完全摆脱时空上的差异，同我们一起思索那些永恒的事物，并帮助我们回归自我。可我们又如何能与这位两千多年以前的大哲学家对话呢？如果仅仅将佛陀的思想视为认知的客观存在，即我们采用观察者的立场，将这一大堆的材料作为科学的客观物来看待和处理，这种看似客观的立场实际上是不可取的。仅仅依赖观察的方法，必定无法完全理解佛陀的思想。雅斯贝尔斯认为，描述者应当参与其描述的对象，参与愈多，其描述也必然愈加深入。描述不是在寻求一种可供理解的普遍客观知识，而是一种行动，是一种追求真理的行动。

在如何真正理解佛教方面，雅斯贝尔斯提出了改变自己的思维方式去适应佛陀的方法，甚为深刻。因为我们已经习惯于理性和形而上学层面的思维，所以并未做好理解佛教的准备："我们切不可忘记，在佛陀与佛教中有着我们尚未发现的源泉，这也正限制了我们的理解范围。我们必须看到对佛教认识的巨大差异，所以应当打消一切迅速、简捷地领悟它的念头。为了真正获得佛陀真理的本质，我们必须改变自我。这一差别并不只限于理性层面，而是整个生命观和思维方式的更新。"[41]在这里，雅斯贝尔斯提出了规范性宗教研究的问题：在宗教研究中，更加侧重于宗教体验、命题和信念等的真实性和可接受性。正是通过对佛教的理解，个人的潜能才会充分地发掘出来。

七、大哲学家王国中的佛陀

作为精神病理学家和心理学家的雅斯贝尔斯，在心理学方面也作出了重大贡献。他对"解释"(erklären)和"理解"(verstehen)做了区分，从而创立了进行理解的主观心理学。在解释这一心理学跟传统心理学的区别时，雅斯贝尔斯的传记作者、他晚年的秘书汉斯·萨那尔(Hans Saner)指出："一位心理学家不仅仅问'可以认识什么?'，而且问'如果我以理解的方式观察，能认识到什么？如果以解释的方式观察，能认识到什么？在其中我又能认识到什么?'"如此，便引进了心理学中心理学家的认知方式，从而使得对自我具有相对性的反思。如果他接受主观理解是真正的认识方法，把同感(Mitempfinden)当作方法的组成部分，把明晰(Evidenz)作为认识的基础，那么这位心理学家就不仅仅是作为记录者、整理者以及对方法具有反思的理解者来看待，而是作为重新体验的个体（nacherlebendes Individuum）。”[42] 因此，雅斯贝尔斯的《大哲学家》一书在很大程度上是借助于理解的主观心理学的方式，考察人类历史上的大哲学家是如何面对存在的问题的。

正是从上述方面，雅斯贝尔斯进入了他的大哲学家的王国，在那里，大哲学家们都对着我们言说。雅斯贝尔斯认为，大思想家们处在超越了时代的时代。因此，他并非将时间的进程而是将理性的空间作为他们与我们联系的媒介：“这一理性的空间真正拥有无垠的广度，一切思想都能包容其中。在这里面，前后、长幼、师徒之间的关系不再管什么用。”[43]“在哲学家的空间里，我们变成了一同做哲学的人，因此也就成为了这些人的（尽管并不重要）同时代人。我们想通过做哲学，将我们在历史上变成一切本源的思想家的同时代人，或者将同样的意思用另外一句话表达：将一切本源的思想家变成我们的同时代人。”[44]

在具体谈到历史上佛陀的形象时，雅斯贝尔斯写道：“一个完美的佛陀形象之前提是以感情去体验这些经典，尽管这些经典并不一定完全可靠，但在本质上还是确实的，并且可以直接追溯到佛陀那里。仅以感情体验我们便可以深入到佛陀的内心深处。在此存在一个透过反照而来的、具有人格的、卓越的现实，它说明，只要反照存在，这里就一定曾放射过光芒，其光亮之强烈，足以使他物生辉，这是不言而喻的事实。”[45] 也就是说，雅斯贝尔斯并不是以一位 20 世纪哲学家的身份来审视佛陀，而更多的是去同情地理解，与佛陀进行新的交流，从而开辟了考察以往哲学家的一种新方法。

从以往哲学家的生命和思想中获得感动和震撼，这是对每一位哲学家进行理解的前提。雅斯贝尔斯指出："这些哲学家至少在活着的时候就已经产生了影响。这种影响力最初是由活生生的人那里产生的，并非来自想象。并且我们在体验这一无可置疑的影响力时，自己的身心也会深深受到震撼。这一渗透到我们内心的影响力，对于我们来讲至今仍然是这样一个事实，即它不是理性所能证明的，而是一个在心灵上令人信服的暗示。这些伟人依然依稀可见，因为他们仍在发挥着自己的影响力。"[46]包括佛陀在内的大哲学家的影响力之所以深厚，是因为他们的学说能感动我们，并且渗透到我们的内心之中。

雅斯贝尔斯认为："塑造的前提是要为他们的真实性所感动。……表明了对历史的认识应当以唤起对经验的回忆为前提，不然的话，这些认识本身是毫无意义的。"[47]仅仅以客观冷静的方式把过去的东西陈述一遍，对雅斯贝尔斯来讲，显然是不够的。同样，以观念为指导原则，用图片、结构和逻辑关系将说过的东西重新梳理，依然是不足的。理解者应当做的是，"进入探寻哲学史的感动之中，在为真理的奋斗中体会到，历史知识是关乎其本人的"。[48]因此，对于雅斯贝尔斯来讲，发现佛陀，为佛陀的生平和教义所震撼，并因此而一道去思考，这个理解的过程，也就成为了获取真理的过程。[49]而哲学也只能从像佛陀一样的思想家的经验以及人格的现实中得到灵感。[50]

八、佛陀的教义与"统摄"

"统摄"是雅斯贝尔斯哲学中的一个中心概念，他认为真实的存在只能是存在于主客体分裂之前，为了否定其与具体存在的逻辑性关联，雅斯贝尔斯特别强调其非客体性。他认为，就像康德所认识到的那样，世界并不是我们的认识对象，而是一种观念，也就是说，我们所认识的一切事物都在世界之中，绝不就是世界本身。[51]“统摄”是人们平常的理解所无法达到的，不可能作为认识的对象，“我们对‘统摄’进行哲学思考，意味着深入于存在自身内部。这只能间接地进行，因为一旦谈论它，我们便进入了对客体的思维中。我们必须通过客体性思维，获得‘统摄’的非客体性指涉”。[52]“统摄”本身不是对象，但任何对象之物却都在“统摄”之中，我们无法客观地认识它，但却可能从哲学上去把握它。

雅斯贝尔斯认为，佛陀所教授的并非知识体系，而是一种解脱之道。他进一步认为：“教义中的这种错综复杂的关系，可以直接导入统摄这一不可言说的知识内涵之中。”[53]他认为，禅定诸阶段所体验到的，是超越一切正常意识之上的最彻底的觉悟，在这一觉悟中事物尽呈于眼前，而不是专念于它。[54]禅定超越了主客体的分裂状态，真正能唤起无意识中的一切。

雅斯贝尔斯认为，佛陀教义陈述的特别之处在于，其根源原是被提升了的意识状态——禅定，因此，通过逻辑和理性来领悟他的学说仅能得到一个大概的轮廓，或者说只是一种暗示。[55]雅斯贝尔斯将从存在者向“统摄”的过渡称作哲学的“基本操作”，这在上文已有交代。他认为，借助于这一基本操作，我们可以摆脱自己那局限于某种特定知识的对存在的意识。[56]而禅定正是这样一种哲学的基本操作。

佛陀对于其自身的认识是通过禅定之关照而实现的。禅定是雅斯贝尔斯所认为的超越了主客体的状态。禅定曾使佛陀在菩提树下开悟，在禅定中，佛陀认识到了自己的真如本性与尘世万象及存在的矛盾；在禅定中，他"用神圣的、视界清晰的超感官法眼"去观察。文字虽然便于陈述，抽象的命题虽然便于思考并形成教义，但佛陀所欲揭示的道理却无法负载于言筌。

正是在禅定中，"人能够超越'主客体分裂'而达到主客体完全合一的状态，在其中，一切对象性都消失了，连我也不复存在。此时，本真的存在将其自身展开，就像我们在睡梦中醒来一样，给我们留下了一种具有最为深刻的、无以言表意义的意识。对于有此体验的人来讲，只有这种合一才是真正的醒悟，由这一醒悟而到主客体分裂之中的意识，无异于睡梦"。[57]雅斯贝尔斯所描述的做哲学的基本活动，将我们从那些曾被误认为是存在本身的客体上的枷锁的束缚中解脱出来。当我们想要以超越一切客体、观念、视野和现象的方式去领悟存在自身时，禅定是表达我们意思很好的方式。

雅斯贝尔斯认为，对于我们来讲，大哲学家们生命的真实性才是最关键的东西，而并非他们的著作或学说。佛陀所关心的并不仅仅是知识本身，更是在思想之中内在行为的转化。"一个人究竟可不可以触及他人灵魂的最深处？"[58]佛陀也无法用理论方式来研讨这一问题，只能用实践予以回答。只有在生命的真实性中，人类在世间才能得到转化。佛陀是以禅定以及从属于禅定的生活方式来实现转化的：透过死亡的真实性来认识其人生境遇。[59]"谁要是想理解这一真实性，那他就必须在再生之中，在存在意识产生的那一瞬间，在悟道与得到教诲的那一刻，亲自来体验这一转化。”[60]并且，苦难与死亡是现实存在最根本的真实性，而这正是佛陀想要通过自己的生命、卓识以及思想而予以超越的。佛陀以难为常人所理解的语言表达了自己深邃的体验：唯有涅槃是永恒的。[61]而这正是雅斯贝尔斯“轴心时代”(Achsenzeit)“突破”(Durchbruch)的内容：反思和超越性不再为实体性和生命的局限性所囿，从而实现了人类意识的最高潜能。这一最高潜能所涉及的是人类在哲学上自我反省的能力以及对自身的认识。轴心时期产生了我们至今仍在思考的各种基本思想，创立了人类不断赖以生存的世界性宗教。[62]佛陀所实现的突破自然是其中重要的一个组成部分。

九、“统摄”与涅槃

在佛教教义中，最接近“统摄”的应当是涅槃的概念。雅斯贝尔斯写道：“提到涅槃，佛陀必然是在幻觉意识领域中谈论它。因为一谈到涅槃，它即成为‘有’或‘空’之言筌了。”[63]到龙树那里，则将这一不可言说的方式发展到了极致，他“所要思考的是那不可思考的东西，所要表达的是那不可言说的东西。他明白这一切、了解这一切，并且要取消言语表达的一切”。[64]雅斯贝尔斯的这一描述，很容易让我们想起他对“统摄”的描述，他的名言“存在就是‘统摄’”(Das Sein ist das Umgreifende)[65]，说明了我们不能将“统摄”从肯定的方面想象成一种有限的存在物，同时也不能像认识客体一样去认识它。“存在本身不可以作为客体被揭示。”[66]为此，雅斯贝尔斯提出了用“澄明”的方式对“统摄”进行领会：我在必须要说的时候就废止了要说出的话，否定了其对象性，我有意识地仅仅说出其最终第二者,而非最终者。[67]跟“统摄”一样,涅槃也不可以肯定的方式来定义,因为它一旦有了规定性,就不再是涅槃本身了。

雅斯贝尔斯认为:“涅槃被认为是超然二元对立之上,既非‘有’,亦非‘空’(如同《奥义书》的思想),在此世间以世俗的方法是认识不到它的,因此它不可能作为探究的对象,而是一种终极的、令人确信无疑的存在。”[68]这与他对“统摄”的描述并无二致:“只有在阐述真理的各种方式终结的时候,全部有关‘统摄’的思想才会显示出意义来。”[69]涅槃与“统摄”都不可以被揭示为对象物。因为作为思想内容的客体,它绝不可能是一切事物,不可能是存在的整体,或存在自身。任何被思想的事物,必然会作为客体而脱离统摄。因此,不论是“统摄”还是涅槃,都不可能作为被思考的客体而达到。

雅斯贝尔斯同样对龙树的空观学说所具有之根源性意义作了阐述,认为这一思维方式可以导向“统摄”:“这一颇具特色的思维方式,并没有一个对象——一个能使其悟性通过理由与事实而被强制理解的对象。它的前提不是一则命题,而是通过思维形象和譬喻显露出来的‘统摄’。所有的思想都潜入一种氛围之中,如果没有这一氛围,这些思想都将逐渐消亡。”[70]显然,“统摄”是不可能作为对象来予以理解和认识的,因为它存在于主客体分裂之前。而龙树这一“否定之路”(via negativa)的思维特色,恰恰能作为揭示一切对象之根源的方法。雅斯贝尔斯说:“因此,当我们清晰地对‘统摄’进行思考之时,我们所做的恰恰是在思考它时所应该予以克服的。”[71]而这正是龙树之否定的方法所要达到的,它不以任何对象性为目的，也不提供任何解答问题的方式。

十、对学院哲学体系的解构与佛教之缘起

早在20世纪20年代，雅斯贝尔斯就与海德格尔建立了友谊，他们对学院哲学提出抗议，反对一个庞大的、普遍有效的价值体系。因为学院哲学所讨论的是表面化的、远离生活的东西，这些并非真正意义上的哲学，对于人的存在等基本问题并没有任何实质意义[72]："对我来讲，学院哲学并非真正的哲学，尽管它声称是一门科学，但它所讨论的一些东西完全跟我们现实存在的根本问题无关。"[73]美国哲学家考夫曼（Walter Kaufmann）也同样认为："他（指雅斯贝尔斯——引者注）的实存哲学的最初动机不是要建立一种学说，而是表示对各种学说的不满，他告诉我们真正的哲学思索必须源自一个人的个别存在，从而帮助他人去了解到其真正的存在。"[74]雅斯贝尔斯从未将自己的哲学看作一个什么体系，而是一个开放着的系统："一种真正的哲学并不存在于体系持久的认识论形态之中，这一认识对所有人都是一样，并且必然会被理解。人们可以将之作为一个对象物，无需理智的努力就可以像对数学或物理的认识一样予以掌握。谁要是认为哲学的真理就在眼前，只需要学习就够了，那他永远也达不到哲学的高度。"[75]因为做哲学永远在过程之中，不可能有完成的那一天，否则，哲学便不再具有活力。

雅斯贝尔斯认为，世间的万物都不是孤立的，而是有一定的关联性，并且我们自身也存在着各种各样的关系（Bezüge），是相互联系相互贯穿的。他将自己的学说称之为"统摄论"（Periechontologie），

是“统摄的学说”(Lehre vom Umgreifenden),说明世界万物存在着无限的关联。雅斯贝尔斯的这一学说,显然跟佛教的“缘起”有着共通之处。佛教所讲的“缘”就是事物间普遍的联系和条件。佛教认为,宇宙间一切事物和现象的生起变化,都有着相对的互存关系或条件。世间万物都处在因果联系之中,依仗一定的条件和相互作用而产生、发展乃至消亡。佛教常用“此有则彼有,此生则彼生,此无则彼无,此灭则彼灭”[76]来说明缘起的理论。“世间并不存在不依缘而生之法。……龙树将这一见解称作‘依缘而产生’(缘生)的教义……”[77]雅斯贝尔斯对缘生做如上解释。

雅斯贝尔斯之所以重视尼采[78],在于他认为用尼采的方法所获得的结果是无法估计的:“使我们离开可能采取过的每一立场,即脱离每一个固定有限的立场而使我们的思想相继涌起。”[79]而在这个方面,龙树比尼采的立场显然更加彻底。龙树的中观学说源自般若系的思想。般若立说认为,有为无为一切诸法当体性空,破除由于假名认识所执著的实在。龙树的立说更发扬性空而无碍于缘起的中道道理。依他缘起的诸法,当体空无自性不可得,他所谓的“空”是泯义、破义,是超越有无的“中道”。雅斯贝尔斯在论述龙树的“八不”时写道:“完全的智慧是无法想象的,也不能作为已发生的东西而存在。因为对现象的不执著意味着其自身亦非现象;对感觉、概念、形成物、意识的不执著,说明其自身亦非意识。从一切中解脱,并且从解脱之中解脱;不执著于任何事物,这便是这一学说彻底的根本思想。”[80]雅斯贝尔斯在谈到他的《普通心理病理学》(*Allgemeine Psychopathologie*, 1913)时曾不无道理地指出:“从教条的伪知识中解放出来,以便通过对方法及其局限性的清晰认识而加强研究的开放视野。”[81]显然，雅斯贝尔斯想要通过否定性的方式消除关于存在的各种教条，从而批判地阐明做哲学的多种可能性。“有一种不带有结论性质的有意义的思考。”[82]在雅斯贝尔斯看来，龙树的思想是一种完全没有独断性教条的思想，他的辩证思想的目的在于将各种不同的形而上学予以合理地消解。龙树习惯以否定的方法否定一切边见。他无非是要找出一般哲学无法认识的真实根源，因为人们常常受到边见的影响。一旦这些边见被否定掉了，即可证得一种不被烦恼所障碍的般若智慧，这是除去所有边见后的境界，而不是什么名之曰“般若”的智慧可得。其实在基督教神学中也有否定神学(negative theology)的传统，由于神的绝对的不可接近的超越性，完全超出了人的认识能力和理解范围，因此，人对神的认识只能通过判断神不是什么来展开，而无法确定神究竟是什么。雅斯贝尔斯认为：“‘统摄’思想的整个意义只有在讨论真理的诸种方式终结之时才会显露出来。”[83]龙树“破而不立”的思想方式恰恰赋予了各种不同的思想以新的意义，并且去除了思想中的盲点。否定性的思维方式并不是反对世俗的知识，而是要对它们进行批判性的反省，去除夸大理性和逻辑作用的不恰当的思考方式。

十一、科技、存在及佛陀的典范意义

现代社会财富的急剧增长给人们造成了一种错觉，以为“占有”(Haben)的东西愈多，人便愈感到满足，心里愈达到平衡。这不仅体现在物质方面，也体现在知识方面。如今正处在知识爆炸的时代，我们的大脑不得不去装那些科学、政治、经济、文化等方面的知识，仿佛对这些知识的占有愈多，我们才愈感到充实、满足，进而也把自己的身体与心灵同样作为物质来占有。这样，人便将自己的身体、心灵作为客体，作为没有生命的东西来拥有并进行研究。正是由于这种主客体的分离，作为主体的人在拼命地寻求意义和目标的同时，必然是孤立的。物质财富的增加给人类带来的结果是更多的焦虑、异化、孤独、厌烦、恐惧以及无意义。弗洛姆（Erich Fromm）在《占有抑或存在》中写道：马克思教导我们说，奢侈和贫穷同样是不道德的行为，我们的目标应当是更多地存在（Sein），而非占有。[84]雅斯贝尔斯也指出，哲学的本质在于对真理的追求，而不是对真理的拥有。[85]

雅斯贝尔斯以传记的方式，对佛陀的生平和学说进行了实存哲学式的解说。对有限生命感到忧虑不仅是佛陀时代的中心议题，同时也是实存哲学的关注点。现代人所经历的现代社会的一切尽管离佛陀的时代相去甚远，但我们目前所面临的生存状况跟佛陀时代差别并不大。在佛陀所处的时代，人体验到了世界的恐怖以及人对外部世界的无能为力。正因为看到了自己能力的限度，人类才意识到自己作为整体存在的意义，才去追寻更高的目标。人开始敢于依靠自己站立起来，在自己身上寻找根源，以自己的内心世界抗拒外部世界，借此又超越自身与世界。这一时期便是雅斯贝尔斯所称作的“轴心时代”。欧洲中世纪末以后，科学技术已经在酝酿之中，在 17、18 世纪，科技得到了普遍发展，20 世纪以来得到了更迅猛的发展。但科技的进步究竟能给现代人带来什么？“现在我们可以以比较的方式明确地说：当下并非第二轴心时代。与轴心时代形成最鲜明对比的反而是一个导致了精神、人性、爱和创造力贫困的灾难性事件，在这一点上只有一个东西在跟以往一切所做的对比中具有独一无二的重要意义，那就是科学和技术的产物。”[86]

由于近几个世纪以来科学技术所取得的巨大成就，人们在观念中形成了这样一种迷信式的信念：科技能给人类带来一切。雅斯贝尔斯警告当代的人们，要避免对科学的迷信，同时也要防止对科学的轻视：“在我们的时代中，科学享有非凡的威望。人们期待从科学那里得到一切：透彻地认识所有的存在，并且在任何危难之中都能得到救助。这一错误的期待是对科学的迷信，接下来的失望又导致了对科学的蔑视。那种对人可以知道一切的神秘的信任，是迷信，对此拒绝的经验又导致了对知识的蔑视。”[87]科技在总体上是无法决定人的未来的，其发展反而让我们产生了疑问，人到底想通过科技做什么？实际上，今天的科技并没有也不可能对人生的意义和目的做出任何有价值的说明，作为个体的人仍然感到烦躁、不安、空虚。对于我们自身的存在，“这一错误的期待是对科学的迷信”[88]，从科技中根本找不出任何真正内在的意义和目的，并且其中往往隐藏着危险，这危险并非来自技术，而是来自人自身。雅斯贝尔斯提醒我们应充分认识到科技只是手段，人才是技术的主人：“技术的界限是，它不能独立地为其自身而存在，而是作为一种手段。基于这一认识，技术的意义是含糊不清的。因为技术没有设置任何目标，它处于善恶之彼岸或先于善恶而存在。技术既能帮助人们获得幸福，亦能造成灾祸。技术对二者来讲是中立的。正因为如此，技术才需要指导。”[89]借用《六祖坛经》中的话：心迷法华转，心悟转法华。[90]

正如考夫曼所指出的那样:“而雅斯培(即雅斯贝尔斯——引者注)希望我们去发现的,却是一切科学的限度。”[91]雅斯贝尔斯非常清楚地意识到科学有其自身的限度,以及不可跨越的原则性界限。他指出,类似的经验说明,我们可以从科学中获得完全确定的具体知识,却不可能找到当时人们期待于哲学的东西。凡是在科学中寻求自己生活的基础,寻求行动指南,寻求存在本身的人,都会大失所望。[92]现代社会中的每个人都从早忙到晚,根本没有闲暇,而生活并不完满。除追求一些有实际效应的具体目标之外,人们好像不再想别的东西:“我们的时代是各种各样的简化大行于世的时代。标语口号、一切都可解释的普遍性理论、粗俗的反命题都取得了成功。”[93]存在的意义、人生的价值仿佛成了多余的问题。生命受冷酷的物质主义以及世俗的价值所左右。哲学所关涉的是人类的存在,而科学只关注存在物。

雅斯贝尔斯通过对佛陀生平的解说,希望当代人更加清楚地认识自己的处境以及人生的意义。“从这一根源中我们可以感受到任何科学都无法传授给我们的东西。……哲学要求另外一种思维,这一思维同时在知识之中提醒我、唤醒我,令我回归自身,改变自我。”[94]佛陀舍弃了对物质和欲望的占有,出家修行以寻求生存的意义及人生的价值,并创立了自己的教义,让六道中的众生同样得到解脱。他希望通过自己的宗教性行持和体验,告诉世人人生的意义究竟何在。佛陀所面对的生命之真实性内涵是对人类基本境况的体验以及对人类使命的澄明[95],这在当时印度婆罗门教的传统中无异于撕破了一道裂口。[96]因此,佛陀的一生可以作为寻求人类存在意义、实践生命真实过程的典范。

雅斯贝尔斯所关心的并不是一堆关于佛陀及佛教的历史知识，而是佛陀做哲学的方法，也就是说，从佛陀的身上我们可以发现蕴涵着的深刻的现代价值，这些现代价值能引导我们重返自身，并转化成自我生活的力量。通过雅斯贝尔斯对佛陀教义的检讨，我们可以看出，佛陀的教义应当被看作揭示人的存在活动，其任务是描述人实存的意义与价值。而这些也正是雅斯贝尔斯实存哲学的核心价值所在。

十二、佛教与自由、超越

自由、超越都是雅斯贝尔斯极为重视的哲学概念，他认为自由不可能出现在客体化的世界之中："在自我存在（Selbstsein）之外，没有自由。在对象世界中，没有自由可以栖身的地方或缝隙。"[97]雅斯贝尔斯强调指出，认识乃是通往自由的必然之路，因为认识能揭示行动的各种可能性。而知识也是自由的先决条件，没有知识便没有自由，但仅在知识中，个体也是不自由的。认识在行动的各种可能性之中发现了任意（Willkür），没有任意便没有自由，而人的活动又是受人所自由选择的行为准则引导的。对雅斯贝尔斯而言，自由并非一味的轻松和从容，而是充满艰辛和风险。雅斯贝尔斯同时将自由跟研究对象对立起来，"或者认识研究对象，或者认识自由"。[98]由此我们可以得出这样的结论，在雅斯贝尔斯那里，存在与自由是同一的，存在就是自由，而自由的实现却需要通过认识等一系列的过程。

雅斯贝尔斯非常担心由于宗教的原因而使人的自由成为问题，他之所以反对基督教的天启（Offenbarung）概念，是因为作为一种被认知之物，其必然会导致人的顺从与屈服："在宗教之中，天启的客观性从一种在历史上唯一的事实被固定为终极的可以被认识之物，它不再具有作为表达历史性超越的象征性特点，而是僵化成了上帝的直接性话语。"[99]他认为，作为哲学信仰的佛教，正好克服了所谓最终的、放之四海而皆准的上帝的启示。

佛陀是如何通过自己独特的认识活动而获得自由的呢？佛教传说中曾提到，圣者阿私陀在看到初生的乔达摩时，曾预言这位新生儿将来会成为转轮王，如果不是成为一位有力的统治者，便会成为一位觉者。但对于佛陀来讲，征服并治理这个世界的意志，并非人类充分、至高的意志。后者表现在一个人征服自己，摆脱自己与俗世事物的束缚上。"征服了我慢，真乃无上喜乐。"[100]正是这样的自我征服，才使得一切努力的外在形迹都消失了。佛陀完全摆脱了束缚自身的精神生活，显示出了崇高、宁静以及无限温和的态度。佛陀的基本经验，不是历史性的自我经验，而是在灭除自我中对真理的体验。因此通过语言来认识他，确实是不容易的。

雅斯贝尔斯既强调自由不是个人的任意，而是超验的必然性，同时也指出，这种必然性是独特的，它不是普遍的，而是带有独特的个人特征，以致对每个个体来讲，它都是他的而且仅仅是他本人的必然性。佛陀透过禅定等一系列的宗教体验而获得这一超验的必然性，又以独特的教法教授给他的弟子，使每一个不同的个体，得到仅仅是他本人的必然性这一自由。在《佛陀》篇的最后，雅斯贝尔斯指出："佛陀的生命之路是可能的，并且得到了实现。……它揭示了人类存在的不确定性：一个人并不是现在偶然而成的，他是开放的。对他来说，并不存在唯一正确的结果。"[101]这同时也道出了雅斯贝尔斯多年来一直从事哲学研究的初衷：他的实存哲学并非要建立一个标新立异的体系，而是要告诉人们，真正的做哲学必然源自一个人的个别存在，从而帮助他人了解自身的真实存在。

十三、和平主义与大乘佛教

雅斯贝尔斯一直重视和平，他所谓的和平是以开放性和不妥协的正直性为基础的自由之中的和平。不论是涉及纳粹统治下的过去，还是民主政治的脆弱，抑或是核威胁下超级大国的争霸，和平对他来讲都是至为关键的。他不仅看重外在的和平，同样非常看重内心的解放。而佛教在这两个方面的贡献都是很突出的。

雅斯贝尔斯认为，跟其他各种世界性宗教相比，佛教有其特点："佛教是没有暴力、没有异端迫害、没有宗教裁判所、没有女巫审判的世界性宗教。"[102]这表面上是在赞扬佛教，实际上是在抨击中世纪的基督教。在《龙树》篇中，他更加强调了佛教的和平性："佛教赢得了亚洲，虽然也曾受到过镇压，但其自身却从未使用过暴力，从未将教义强施于他人。在佛教的历史上没有过宗教战争、宗教裁判所，也没有被有组织的教会掌管的世俗政治。"[103]跟其他世界性宗教相比，佛教的和平主义倾向是非常明显的。在精神层面，佛陀的成道是通过降伏内在的魔障，达到内心的和平，从而获得解脱和自由。并且，从世界是因缘和合而生的整体，也可以推演出个人的命运与世界整体的命运是紧密相连的这层关系。因此，人类要想获得解脱，除和平外，不可能有其他的方式。

从佛教的发展史来看，雅斯贝尔斯对大乘较为推崇，他认为小乘佛教仅仅“将传统的材料延续至今而已，并没有任何新的贡献”。[104]由于传统佛教的修行仅限于僧侣阶层，并且仅靠禅定和出世修行才能达到涅槃的境界，“以至于所有必须通过人世才能得以体验的心灵的智慧内涵都无法顾及。……故而无法通过在俗世之中对可经验内容的塑造，在实践理想得以实现、迅猛发展之时，同样使人性的本质得到发展”。[105]因此雅斯贝尔斯认为，传统佛教限制了现实存在的经验范围，而以居士信众为中心的大乘佛教却有所不同，“不再只是满足于大众对宗教的需求，同时也使纯粹的思辨哲学达到了新的鼎盛时期。……大乘不断地吸收外面的、一切新的因素，保持着开放，除关切自我解脱，还普度众生，竭力让众生也得到解脱”。[106]雅斯贝尔斯对大乘将佛陀神化，并把他抬上众神之上成为至尊表示遗憾，同时对大乘佛教的僵化趋势也表示了不满，因为这是有悖于佛教精神的，“本来对佛陀洞见的信仰，不再是哲学的信仰，而是对佛陀的信仰。现在不再只是靠自己的思考就可作出抉择，而是要靠超验的佛陀的帮助，才能起作用”。[107]即便如此，雅斯贝尔斯依然认为，正是大乘佛教继承了佛陀的思想。因此，他后来开始的对龙树的研究跟他对大乘佛教的认识是一脉相承的。

十四、对雅斯贝尔斯所使用文献的几点评价

从雅斯贝尔斯在《大哲学家》一书后所列举的参考书目中可以看到，他对上座部（Theravāda）巴利语佛教方面的资料以及大乘佛教梵文和中国佛教的资料都很熟悉。作为 20 世纪最重要的思想家之一的雅斯贝尔斯，他对佛教的兴趣显然不在文献资料方面，他

对佛教的阐释在很大程度上是他的实存哲学思考的延续。

雅斯贝尔斯首先是哲学家，他显然是将探求文本的意义放在了首位。因此他在文献使用上并不特别规范，没有一一注出所征引的著作。此外，当时德国哲学界在学术规范方面，跟今天也有所不同。在雅斯贝尔斯所使用的文献中，还是以较古老的经典化文献为主。《佛陀》篇所使用的德文译本以及论著很多，但大都是巴利文经典系统的，基本上代表了原始佛教的传统。佛典的出处基本上是以诺依曼的巴利文经典译本为中心的。[108]论著也大都出自当时一流的佛教研究专家，如奥登堡的《佛陀，其生平、教义和僧团》(1881)一书[109]，这部书依据巴利文经典，还原出了一个历史的佛陀。奥登堡此书德文版出版后不久就被译成法文、俄文、英文，几十年间一直被认为是这一领域的经典之作。作为东方学家的贝克对梵文和藏文都颇有研究，他的著作《佛教：佛陀及其教义》[110]所依据的是梵文和藏文的资料。而皮舍尔是梵文方言(Prakrit)的专家，他的名著《佛陀生平及教义》[111]更多地依据民间的资料。因此，雅斯贝尔斯对研究著作的选取，是有他自己的标准的。

在《龙树》篇中，雅斯贝尔斯基本上是以瓦理瑟翻译的《中论颂》(由中文和藏文译出，并加入了《八千颂般若》和《金刚经》两部般若系经典)为中心而展开的。[112]尽管龙树还有其他重要的著作，但雅斯贝尔斯还是依据有限的德译本，成功地勾勒出了龙树的思想。在研究著作方面，雅斯贝尔斯使用了包括哈克曼、莎伊尔、舍尔巴茨基在内的著名学者的著作。哈克曼是德国同善会(AEPM，Allgemeiner evangelisch-protestantischer Missionsverein)的传教士，曾研究中国佛教多年，后任阿姆斯特丹大学宗教史学教授。在他的著作中，除了对中国佛教的论述之外，还有大量出自他本人的译文，这也是雅斯贝尔斯特别愿意征引哈克曼著作的原因。莎伊尔是波兰著名印度学、佛教学者，他是第一位用形式逻辑的方法对龙树思想进行分析的西方学者。在他的著作中，曾引用康德的批判哲学来诠释中观学说。舍尔巴茨基是苏联著名印度学、佛教、梵文学者，他早年曾留学维也纳，师从19世纪著名的印度学家布勒专攻印度文学和梵文，回国后任圣彼得堡大学教授，讲授印度哲学和梵文。舍氏在佛教逻辑研究方面很有贡献，他的著作在西方佛教界、思想界产生过很大影响。这些著作无疑帮助了雅斯贝尔斯全面而深入地理解龙树的学说。但在中文译本的甄选上，雅斯贝尔斯却选择了《四十二章经》的德文译本，亦即哈克曼《中国哲学》中所选译的第十八、十九、二十、四十二章。[113]在中国佛教史上，对《四十二章经》的成书时代颇有争议。全经的内容涉及出家、在家应精进离欲，由修布施、持戒、禅定而生智慧，即得证四沙门果。而这些佛教修道的纲领，所反映的更多是小乘佛教思想。因此，从整体上来讲，此经的选择与龙树的大乘中观思想是不太符合的。

十五、结论

综上所述，雅斯贝尔斯的佛教研究是基于对当时哲学问题意识的探讨而展开的，最具特点的是他将“统摄”作为前提来理解佛教。由于“统摄”与佛教的见解有颇多相通之处，他对佛教的阐释，无疑为佛教在当代哲学理解方面增加了一个新的维度。

雅斯贝尔斯将佛陀归为“范式的创造者”，而将龙树归为“从根源来进行思考的形而上学家”。佛陀跟苏格拉底、孔子和耶稣一道，使用尚未有人使用过的方法历史性地规范了人类的实存。雅斯贝尔斯认为，人类历史上的其他任何人所产生的历史影响——无论就其深度，还是就其广度而言——都是无法跟这四位相提并论的。[114]尽管佛陀不是严格意义上的哲学家，他却树立了哲学的范式，同时也给哲学带来了无尽的影响，从而成为做哲学之根源。对雅斯贝尔斯来讲，龙树以其否定的方式对哲学的根源进行了探究，从而成为探索根源的形而上学家。

日本佛教学者玉城康四郎认为："贯穿雅斯贝尔斯对空的解释的主线是，从思维到非思维、从能思维到不能思维，换言之，以思维为契机试图获得向思维超越之转换。"[115]玉城非常准确地总结了雅斯贝尔斯对大乘佛教的认识。

作为实存哲学家的雅斯贝尔斯，其《大哲学家》中的《佛陀》和《龙树》，实际上也只是他对自己的实存哲学的注脚而已。有关"理解"，狄尔泰（Wilhelm Dilthey）曾有句名言："理解就是在你中重新发现我。"[116]因此，理解是在他者之中重新发现自我的过程。伽达默尔（Hans-Georg Gadamer）也将对文本的理解看作是与研究主体对自身存在、自我理解的认识相结合的活动。伽达默尔在论述黑格尔（Georg Wilhelm Friedrich Hegel）对"教化"（Bildung）的认识时指出："在异己的东西里认识自身、在异己的东西里感到是在自己的家，这就是精神的基本运动，这种精神的存在只是从他物出发向自己本身的返回。"[117]德国哲学传统特别重视"教化"的作用，认为人类崇高的品德以及对于人道主义来讲至为根本的本源性和普遍性，只有经过教化才能实现。他者的存在让自我更加清楚地理解自己的使命，认识自己存在的价值，从而达到黑格尔所谓

"向普遍性的提升"。雅斯贝尔斯也在一篇论文中提到,他的《尼采》一书可作为实存哲学产生的思想背景的初步探讨。[118] 反过来,雅斯贝尔斯对佛教思想的探索必然也丰富且加深了他对"统摄"、"实存"等实存哲学基本概念的理解。

注释

[1] Karl Jaspers, *Philosophische Autobiographie*. München: R. Piper & Co. Verlag 1977. S. 75 - 76.

[2] Karl Jaspers/Heinrich Zimmer: Briefe 1929 - 1939, aus den Nachlässen zusammengestellt von Hans Saner und Maya Rauch, in: *Jahrbuch der Österreichischen Karl-Jaspers-Gesellschaft*, hrsg. v. Elisabeth Hybašek und Kurt Salamun, Jahrgan 6 [1993], VWGÖ-Wien, S. 7 - 24.

[3] W.考夫曼编著,陈鼓应等译:《存在主义——从陀斯妥也夫斯基到沙特》,北京:商务印书馆,1987 年,第 23 页。

[4] Karl Jaspers, *Was ist Philosophie? Ein Lesebuch*. München, Zürich: Piper Verlag 1997. 2. Aufl. S. 395.

[5] Werner Schüßler, *Jaspers zur Einführung*, Hamburg: Junius 1995. S. 8.

[6] Karl Jaspers, *Was ist Philosophie? Ein Lesebuch*. München, Zürich: Piper Verlag. 1997. 2. Aufl. S. 43.

[7] 1961 年的夏季学期,雅斯贝尔斯在巴塞尔大学以"超越的暗号"(Die Chiffern der Transzendenz)为题做了八次演讲,1970 年得以出版: *Chiffern der Transzendenz*. Herausgegeben von Hans Saner. München: Piper (= Serie Piper 7) 1970。

[8] Karl Jaspers, *Philosophie*, *Bd. I: Philosophische Weltorientierung*. Berlin 1932 (5. Aufl. München 1991). S. 294.

[9] Werner Schüßler, *Jaspers zur Einführung*. Hamburg: Junius Verlag 1995, S. 42.

[10] Karl Jaspers, *Philosophie*, *I. Philosophische Weltorientierung*. Vierte, unveränderte Auflage. Berlin, Heidelberg, New York 1973, S. 297.

[11] 参见雷立柏(Leo Leeb)编:《基督宗教知识词典》,北京:宗教文化出版社,2003 年,第 169 页。

[12] Karl Jaspers, *Existenzphilosophie*. Drei Vorlesungen gehalten am Freien Deutschen Hochstift in Frankfurt a. M. September 1937. Dritte Auflage.

Berlin：Walter De Gruyter & Co. 1964，S. 79－80.

[13] *Ibid*.，S. 73.

[14] 龙树《中论》卷第四“观涅槃品第二十五”，见《大正藏》㉚－35c。

[15]《联灯会要》卷第三，见《卍续藏》㊴－27c。

[16] Karl Jaspers，*Was ist Philosophie? Ein Lesebuch*. München，Zürich：Piper Verlag 1997，2. Aufl. S. 50.

[17] *Ibid*.，S. 117.

[18] *Ibid*.，S. 391.

[19] *Ibid*.，S. 391－392.

[20] 本书第17页。

[21] Karl Jaspers，*Was ist Philosophie? Ein Lesebuch*，S. 104.

[22] *Ibid*.，S. 104－105.

[23] Karl Jaspers，*Weltgeschichte der Philosophie. Einleitung*. Hrsg. von H. Saner. München 1982，S. 60.

[24] 本书第14页。

[25] Karl Jaspers，*Von der Wahrheit. Philosophische Logik*. Erster Band，München 1947，4. Aufl. 1991，S. 853.

[26] 此处请参考本书《佛陀》注释[109]。

[27] 卡尔·雅斯贝尔斯著，李雪涛等译：《大哲学家》（修订版），北京：社会科学文献出版社，2010年，第193页。

[28] 出处同上，第193页。

[29] 本书第22页。

[30] 本书第53页。

[31] 本书第53页。

[32] 本书第58页。

[33] Karl Jaspers，*Die Existenzphilosophie*. S. 25.

[34] Karl Jaspers，*Die Atombombe und die Zukunft des Menschen. Politisches Bewusstsein in unserer Zeit*. München 1958，7. Aufl. 1983，S. 262.

[35] 考夫曼著，陈鼓应等译：《存在主义》，第22—23页。

[36] Karl Jaspers，*Was ist Philosophie? Ein Lesebuch*. München，Zürich：Piper Verlag 1997，2. Aufl. S. 46.

[37] Hans Saner，*Jaspers*，Reinbek bei Hamburg：Rowohlt. 10. Aufl. 1996，S.85.

[38] Karl Jaspers，*Philosophie I*. Philosophische Weltorientierung. Vierte，unveränderte Auflage. Berlin，Heidelberg，New York：Springer-Verlag 1973，S. 15.

[39] Karl Jaspers，*Vernunft und Existenz*. Fünf Vorlesungen. Gröningen：J. B. Welters 1935，S. 52－53.

[40] Hans Saner, *Jaspers*, Reinbek bei Hamburg: Rowohlt. 10. Aufl. 1996, S.87.
[41] 本书第 35—36 页。
[42] Hans Saner, *Jaspers*, S.74.
[43] *Ibid.*, S.77.
[44] *Ibid.*, S.78.
[45] 本书第 3—4 页。
[46] 卡尔・雅斯贝尔斯著,李雪涛等译:《大哲学家》(修订版),第 185 页。
[47] 出处同上,第 186—187 页。
[48] Hans Saner, *Jaspers*, Reinbek bei Hamburg: Rowohlt. 10. Aufl. 1996, S.80.
[49] *Ibid.*, S.80.
[50] 卡尔・雅斯贝尔斯著,李雪涛等译:《大哲学家》(修订版),第 194 页。
[51] Karl Jaspers, *Existenzphilosophie*, S. 15 - 16.
[52] Karl Jaspers, *Was ist Philosophie? Ein Lesebuch*. München, Zürich: Piper Verlag 1997, 2. Aufl. S. 48.
[53] 本书第 10 页。
[54] 本书第 13 页。
[55] 本书第 14 页。
[56] Karl Jaspers, *Von der Wahrheit. Philosophische Logik*. Erster Band. München 1947 (4. Aufl. 1991), S. 39.
[57] Karl Jaspers, *Was ist Philosophie? Ein Lesebuch*. München, Zürich: Piper Verlag 1997, 2. Aufl. S. 49.
[58] 卡尔・雅斯贝尔斯著,李雪涛等译:《大哲学家》(修订版),第 192 页。
[59] 出处同上,第 189 页。
[60] 出处同上,第 189 页。
[61] 出处同上,第 190 页。
[62] Karl Jaspers, *Was ist Philosophie? Ein Lesebuch*. München, Zürich: Piper Verlag 1997, 2. Aufl. S. 90 - 91.
[63] 本书第 20 页。
[64] 本书第 56 页。
[65] Hans Saner, *Jaspers*, Reinbek bei Hamburg: Rowohlt. 1996, 10. Aufl. S.86.
[66] Karl Jaspers, *Von der Wahrheit. Philosophische Logik*. Erster Band, München 1947 (4. Aufl. 1991), S. 37.
[67] Hans Saner, *Jaspers*, Reinbek bei Hamburg: Rowohlt. 1996, 10. Aufl. S.87.
[68] 本书第 21 页。

[69] Karl Jaspers, *Von der Wahrheit. Philosophische Logik*. Erster Band. München 1947 (4. Aufl.), S. 122.

[70] 本书第 64 页。

[71] Karl Jaspers, *Existenzphilosophie*, S. 14.

[72] 李雪涛：《两颗伟大心灵的相互碰撞——纳粹专制之前雅斯贝尔斯与海德格尔之间的交往》，载《现代哲学》2007 年第 2 期，第 46—54 页，此处请参考第 50 页。

[73] Karl Jaspers, *Philosophische Autobiographie*. München: R. Piper & Co. Verlag 1977, S. 40.

[74] W.考夫曼编著，陈鼓应等译：《存在主义》，第 15 页。

[75] Karl Jaspers, *Weltgeschichte der Philosophie. Einleitung*. Hrsg. Von H. Saner. München 1982, S. 60.

[76] 见《藏外佛教文献》第 5 册，No. 0046《即兴自说》(1 卷，邓殿臣译)，第一品"菩提品"之一、二。

[77] 本书第 49 页。

[78] 雅斯贝尔斯一生之中写过两本有关尼采的著作：1. *Vernunft und Existenz. Die geschichtliche Bedeutung Kierkegaards und Nietzsches*, 1935. 2. *Nietzsche. Einführung in das Verständnis seines Philosophierens*, Berlin 1936 (5. Aufl. 1981)。

[79] 转引自考夫曼编著，陈鼓应等译：《存在主义》，第 24 页。

[80] 本书第 43 页。

[81] Karl Jaspers, *Was ist Philosophie? Ein Lesebuch*. München, Zürich: Piper Verlag 1997, 2. Aufl. S. 412.

[82] Werner Schüßler, *Jaspers zur Einführung*. Hamburg: Junius Verlag 1995, S. 18.

[83] Karl Jaspers, *Von der Wahrheit. Philosophische Logik*. Erster Band, München 1947 (4. Aufl.), S. 122.

[84] Erich Fromm, *Haben oder Sein. Die seelischen Grundlagen einer neuen Gesellschaft*. München: Deutscher Taschenbuch Verlag 2001, S. 27.

[85] Karl Jaspers, *Was ist Philosophie? Ein Lesebuch*. S. 36.

[86] 雅斯贝尔斯著，李雪涛译：《论历史的起源与目标》(雅斯贝尔斯著作集)，上海：华东师范大学出版社，2018 年，第 112 页。

[87] 同上书，第 109—110 页。

[88] 同上书，第 109 页。

[89] 同上书，第 137 页。

[90] 《大正藏》㊽- 355b。

[91] W.考夫曼编著，陈鼓应等译：《存在主义》，第 22 页。

[92] Karl Jaspers, *Existenzphilosophie. Drei Vorlesungen gehalten am Freien*

Deutschen Hochstift in Frankfurt a. M. September 1937. 3. Auflage. Berlin, Walter de Gruyter 1964, S. 7.

[93] Karl Jaspers, *Vom Ursprung und Ziel der Geschichte*, München 1949 (9. Aufl. 1988), S. 171.

[94] Karl Jaspers, *Existenzphilosophie. Drei Vorlesungen*. Berlin 1938 (4. Aufl. 1974), S. 10.

[95] 雅斯贝尔斯著,李雪涛等译:《大哲学家》,第 194 页。

[96] 出处同上,第 188 页。

[97] Karl Jaspers, *Philosophie II. Existenzerhellung*. Vierte, unveränderte Auflage, Berlin: Springer-Verlag 1973, S. 191.

[98] Karl Jaspers, *Der philosophische Glaube*. München: R. Piper & Co. Verlag 1955, S. 50.

[99] Karl Jaspers, *Philosophie I. Philosophische Weltorientierung*. Vierte, unveränderte Auflage, Berlin: Springer-Verlag 1973, S. 297.

[100] 卡尔·雅斯贝尔斯著,李雪涛等译:《大哲学家》(修订版),第 102 页。

[101] 本书第 36 页。

[102] 本书第 35 页。

[103] 本书第 71 页。

[104] 本书第 29 页。

[105] 卡尔·雅斯贝尔斯著,李雪涛等译:《大哲学家》(修订版),第 191 页。

[106] 本书第 29—30 页。

[107] 本书第 31 页。

[108] Übersetzungen von K. E. Neumann: *Die Reden Gotamo Buddhos aus der Längeren Sammlung Dīghanikāyo*, 4 Bde., München 1927 - 28. — *Die Reden Gotamo Buddhos aus der Mittleren Sammlung Majjhimanikāyo*, 3 Bde., München 1922. — *Sammlung der Bruchstücke*. — *Die Lieder der Mönche und Nonnen Gotamo Buddhos*, 2. Aufl. München 1925. — *Der Wahrheitspfad* (*Dhammapadam*), 2. Aufl. München 1921.

[109] Hermann Oldenberg, *Buddha, sein Leben, Lehre, Gemeinde*, 7. Aufl., Stuttgart 1920.

[110] Hermann Beckh, *Buddhismus. Buddha und seine Lehre*. 2 Bände, Berlin/Leipzig 1916.

[111] Richard Pischel, *Leben und Lehre des Buddha*. Leipzig 1906.

[112] Nāgārjuna, *Die mittlere Lehre des Nāgārjuna*, nach der tibetischen Version übertr. v. M. Walleser, Heidelberg 1911; nach der chinesischen Version übertr. v. M. Walleser, Heidelberg 1912.

[113] Heinrich Hackmann, *Chinesische Philosophie*, München: Verlag Ernst

Reinhardt 1927, S. 245 - 249.

[114] 卡尔·雅斯贝尔斯著,李雪涛等译:《大哲学家》(修订版),第 187 页。

[115] 玉城康四郎「ヤスブースと仏教」,见:ヤスブース,峰島旭雄訳『佛陀と龍樹』(東京:理想社,1960 年第一刷発行),第 159—205 頁。此处引文见第 205 页。

[116] Wilhelm Dilthey, *Der Aufbau der geschichtlichen Welt in den Geisteswissenschaften*. Frankfurt/M 1968 [1910], S. 235.

[117] 伽达默尔著,洪汉鼎译:《真理与方法》,上海译文出版社,2004 年,第 17 页。

[118] Cf., Walter Kaufmann, *Existentialism. From Dostoevsky to Sartre*. Edited, with an introduction, prefaces, and new translations. London, Penguim Books Ltd., 1975, pp. 31 - 32.

人名索引

A

阿育王（Aśoka，约前 268—前 232 在位）——中印度摩揭陀国孔雀王朝第三世王，曾统一印度，是保护佛教的有力统治者　3,29,81,98

奥登堡（Hermann Oldenberg，1854—1920）——德国著名印度学、佛教学者，主要从事印度古典哲学吠陀以及巴利语佛典的校勘和翻译工作　3,8,41,42,74,76,164

B

巴门尼德（Parmenidēs，约前 515—约前 445）——古希腊哲学家，爱利亚学派的创始人　21,56,122,136

保罗（Paulos,约 3—约 67）——天主教译作保禄，基督教早期传道者　72

贝克（Hermann Beckh，1876—1937）——德国印度学家、佛教学者。早年曾学习过法律，后从事梵文、藏文辞典之编撰事业　3,12,90,164

柏拉图（Platon，前 427—前 347）——古希腊哲学家，苏格拉底的学生、亚里士多德的老师、雅典学园的建立者　22,56,88,122,135

C

陈那（Dignāga，约 400—480）——亦译为域龙、童授、授童等，瑜伽行派著名的论师、印度佛教因明论之集大成者，有相唯识派代表人物　41,108

F

法称（Dharmakīrti，约 7 世纪）——古印度大乘佛教僧人，印度新因明大师，接受了陈那的学说理论。法称有七部著名的因明学著作，合称“因明七部”　41

弗兰克，鲁道夫·奥托（Franke，Rudolf Otto，1862—1928）——德国印度学

家、佛教学者。曾在哥廷根大学和波恩大学学习古典德语和印度语言学，后任柯尼斯堡大学教授　3,29,74

H

哈克曼，海因里希·弗里德里希（Hackmann，Heinrich Friedrich，1894—1935）——德国宗教学者、东方学家。1894—1901 年在上海任德国同善会（AEPM）的牧师，在中国布教，到过中国和东南亚的很多地区，深受佛教和中国文化的影响。1914—1934 年任阿姆斯特丹大学宗教学教授　28,41,42,53,61,64,75,112,135,164,165

K

恺恩，约翰·亨利克·卡斯帕尔（Kern，Johan Henrik Caspar，1833—1917）——荷兰著名佛教、印度学学者，莱顿大学教授。出版过印度天文学原著、爪哇古诗研究方面的著作多部，特别以佛教研究最为有名　28,75

克本，卡尔·弗里德里希（Köppen，Karl Friedrich，1808—1863）——德国教师、记者，曾任柏林某一文理中学的副校长，与马克思（Marx，Karl，1818—1883）交往颇密。他有关佛教总体方面的论述在当时颇具影响　28,75

柯诺，斯特恩（Konow，Sten，1867—1948）——挪威印度学学者。奥斯陆大学、汉堡大学教授。一生致力于研究印度金石文、方言，以及中亚多种语言，对西域佛教语言的研究尤为著名　29

L

龙树（Nāgārjuna，约 150—250）——亦译为龙猛、龙胜。出生于南印度的毗达婆国。是大乘佛教之集大成者，大乘中观学派（空宗）创始人，对后世大乘般若性空学说的传播影响很大　30,41,42,44,46,49,56,58,60,62－64,66,67,69,70,72,74,77,78,98,103,106－115,128,134,135,138,143,145,146,152,153,155,156,162－166,168

事项索引

不饮酒(Meidung berauschender Getränke) 13,90

C

刹那(momentan) 9,19,41,93,110,115
禅定(Meditation) 5,6,9 - 14,18,19,24,27,32,33,35,58,65,87,90,104,125,141,145,150,151,161,163,165
禅定佛(dhyani-buddha) 32,103
长部(*Dighanikaya*) 3,73,74,77,80,81
常见(Ewigkeitsansicht) 47,58,115,143
超人(Übermensch) 70,130
超脱(Überlegenheit) 18,33
超越(Transzendenz) 11 - 13,20,25,33,34,36,55,57 - 60,62,68,69,71,72,90,104,116,118,123,127,128,132,136 - 138,140,145,148,150 - 152,155 - 157,160,161,166,167
超越性的思维(transzendierendes Denken) 145,146
沉默(Schweigen) 6,21,23,24,27,33,53,67,96,119,122,142
触(Berührung) 16,93,128
传达(mitteilen) 11,62,67,89,104,142
传道(Mission) 7,28
慈悲(Mitleid) 13,29,30,33,105
存在(Sein) 4 - 6,10,11,14 - 21,23,24 - 27,29,31,33,34,36,41 - 55,57 - 72,82,86,88 - 91,93,94,96,101,106,112 - 115,118,121 - 125,127,129,131,132,136,137,139 - 141,143 - 146,148,150 - 163,166 - 168,170
  非存在(Nichtsein, Nichtexistenz) 45 - 52,54,62,65,69,114,118,121,122
挫折(Scheitern) 55,62,121 - 123

D

大乘佛教(Hahanyana) 29,30,41,98 - 100,105,111,129,138,143,162,

G

H

J

K

L

M

N

P

Q

R

S

T

W

X

Y

Z

译后记

呈现在读者面前的《佛陀与龙树》是雅斯贝尔斯《大哲学家》中两章内容的合集，不论是在德文原文的世界，还是在英文世界，都没有这样组合过。感谢这两部分的日文译者峰岛旭雄。峰岛教授本人是著名的学者、哲学家，因此他将雅斯贝尔斯的这两章合在一起在日本出版，并不让人觉得吃惊。

我最初对雅斯贝尔斯感兴趣是在上大学期间，我的德语老师克鲁姆(Peter Krumme)来自海德堡，他介绍我读了雅斯贝尔斯的《什么是哲学》(*Was ist Philosophie?*)。之后我自然而然读到了《大哲学家》,《佛陀》与《龙树》两章给我以极深的印象。1992—1993 年我翻译了这两章，后来发表在香港地区的佛教刊物《内明》上：1993 年 4、6、9 月号以及 1994 年 6、9、10 月号。

在翻译的过程中，我从我的日本同事吉武百合女士那里得到了峰岛旭雄教授的日译本：カール・ヤスパース『佛陀と龍樹』[ヤスパース選集 5]，東京：理想社，1960 年版。而她为我购买的这一本是 1983 年的第 13 次印刷本。由此可以看出这本书在日本受欢迎的程度。翻译所根据的德文版是：Karl Jaspers, *Die großen Philosophen*. Erster Band. München：R. Piper GmbH & Co. KG 1988。《佛陀》部分也参考过曼海姆的英译本：Karl Jaspers, *The Great Philosophers*. Edited by Hannah

Translated by Ralph Manheim. London: Rupert Hart-Davis, 1962。我当时也根据日译本的译者注,做了中文译本的详细注释。2004年出版《大哲学家》一书时[①],由于其他译文都没有"译者注",为了统一体例,我也将注释全部删掉了。2010年《大哲学家》(修订本)纳入了"社科文献精品译库"[②],我也借这个机会将中文译本重新校了一遍。最重要的是,我加上了《孔子》《老子》《佛陀》《龙树》四章的注释,尽管显得跟其他章节格格不入。

此次出版前,我将正文对照着德文重新校了一遍,修改了一些错误,也对个别名词做了修改。我将 Idealismus 确定为"观念论",Realismus 为"实在论",避免了"唯心主义"和"唯物主义"两个带有强烈意识形态性质的术语,以更符合雅斯贝尔斯的用法。

将《佛陀与龙树》单独结集出版,我认为是具有特别意义的。一般研究佛教的学者,撰写"佛陀"的传记是理所当然的,因为佛陀是佛教的创始人,不论是在原始佛教,还是在大乘佛教中,他都具有极其重要的地位。但雅斯贝尔斯将第二位佛教的人物确立为"龙树"——印度大乘佛教中观学派的创始人,不能不令我们对这一洞识刮目相看。被称为"千部论主"的龙树,其保存在汉译本中的论著就有20余种,藏文译本有100多种。在汉语译著中,以鸠摩罗什所传译的《中论》《十二门论》《大智度论》《十住毗婆沙论》等影响最大,三论宗、天台宗均以龙树为其宗派的印度祖师。因此,在中国佛教中,龙树是特别值得关注的哲学家。

---

① 卡尔·雅斯贝尔斯著,李雪涛主译:《大哲学家》,北京:社会科学文献出版社,2004年。

② 卡尔·雅斯贝尔斯著,李雪涛等译:《大哲学家》(修订版),北京:社会科学文献出版社,2010年。

本书中的《解说》部分，是在我的《雅斯贝尔斯与中国》一书的第七章《哲学的信仰——雅斯贝尔斯对佛教思想的认识》基础之上修改而成的。[①]

在翻译过程中，尽管我一直力求尽可能准确理解雅斯贝尔斯的思想，但由于雅斯贝尔斯的知识极为渊博，所涉猎和引述的著作颇多，因此将其思想完整准确地予以重现，并非易事。在移译过程中的错误，请方家予以指正。华东师范大学出版社的王焰社长自始至终对这套著作集给予关照，责任编辑朱华华女士提出了不少有益的意见，在此我表示衷心感谢。

李雪涛

2023 年 6 月 1 日

于北京外国语大学历史学院

---

① 李雪涛著《雅斯贝尔斯与中国：论哲学的世界史建构》，北京：东方出版社，2021 年，第 210—247 页。

《雅斯贝尔斯著作集》(37卷)目录

1.《普通心理病理学》

2.《心理病理学研究》

3.《史特林堡与梵高——对史特林堡及梵高的比较例证所做的病历志分析的尝试》

4.《世界观的心理学》

5.《哲学》(三册)

6.《理性与生存》

7.《生存哲学》

8.《论悲剧》

9.《论真理》

10.《论历史的起源与目标》

11.《哲学入门》

12.《哲学学校》

13.《哲学的信仰》

14.《鉴于启示的哲学信仰》

15.《哲学与世界》

16.《大哲学家》

a. 孔子与老子

b. 佛陀与龙树

c. 康德

17.《尼古拉·库萨》
18.《谢林》
19.《尼采》
20.《尼采与基督教》
21.《马克斯·韦伯》
22.《大学的理念》
23.《什么是教育》
24.《时代的精神处境》
25.《现代的理性与反理性》
26.《罪责问题——论德国的战争责任》
27.《原子弹与人类的未来》
28.《哲学自传》
29.《海德格尔札记》
30.《哲学的世界史》
31.《圣经的去神话化批判》
32.《命运与意志——自传作品》
33.《对根源的追问——哲学对话集》
34.《神的暗号》
35.《阿伦特与雅斯贝尔斯往复书简》
36.《海德格尔与雅斯贝尔斯往复书简》
37.《雅斯贝尔斯与妻书》